AF452767

QUELQUES NOTIONS

sur

LES TARIFS DE CHEMINS DE FER

Par A. BRIÈRE

Ingénieur en chef des Ponts et Chaussées.

PARIS

E. DENTU, ÉDITEUR

PALAIS ROYAL, 15-17 ET 19, GALERIE D'ORLÉANS

1881

AVANT-PROPOS

Il y a dix-huit mois environ, la Chambre des Députés fut saisie d'une proposition de rachat des chemins de fer, proposition émanant d'une de ses commissions.

Le rapport s'appuyait surtout sur les inconvénients résultant, pour le public, de la tarification actuelle des grandes Compagnies; il me parut renfermer des théories inexactes et même dangereuses, et la *Revue des Deux-Mondes* voulut bien insérer deux articles (1) dans lesquels j'indiquais les véritables principes en matière de tarifs de chemins de fer.

La question du rachat est aujourd'hui tout à fait abandonnée; les Chambres de commerce en ont fait justice, dans une série de délibérations non moins remarquables par leur unanimité que par la solidité des arguments qu'elles renferment. Les deux articles de la *Revue* semblaient donc avoir perdu tout intérêt; mais la question renaît aujourd'hui sous une autre forme. L'école qui avait sollicité le rachat ouvre en ce moment une nouvelle campagne contre la tarification des grandes Compagnies; elle demande que ces questions si délicates soient réduites à une formule unique, et elle agit, avec une rare énergie, auprès de l'opinion publique et auprès de l'administration chargée d'homologuer les tarifs. La Chambre de com-

---

(1) Nos du 1er mars et du 1er avril 1880.

merce de Paris vient même, à la majorité d'une voix, d'émettre un avis favorable à cette théorie.

Il ne faut jamais se fatiguer de combattre l'erreur. Aussi ai-je pensé qu'il serait utile de réunir dans une courte brochure les deux articles publiés dans la *Revue des Deux-Mondes*, afin de leur donner une publicité un peu plus grande : le lecteur voudra bien excuser les parties qui peuvent aujourd'hui manquer un peu d'actualité.

Rien n'est plus séduisant qu'une théorie abstraite ; mais, dans les affaires commerciales, la plus belle théorie ne vaut que par son application. Nous avons eu la bonne fortune de rencontrer un orateur qui a prétendu donner un corps aux attaques contre la tarification des chemins de fer : il a cité de nombreux exemples des critiques adressées aux Compagnies. Dans un discours prononcé à la Chambre des Députés, le 16 février 1880, M. Alain Targé a fait de nombreuses citations. J'ai eu la patience de contrôler tous les faits, et j'ai été assez heureux, je le crois du moins, pour réduire à néant les prétendues énormités qu'on reprochait à la tarification actuelle. Cette étude m'a paru bien compléter l'exposé des principes renfermés dans les deux articles de la *Revue des Deux-Mondes* : c'est un peu, comme dans une grammaire, l'exemple servant d'application à la règle. La lecture en est peut-être fatigante par la multiplicité des chiffres qu'il a fallu citer : j'en demande à l'avance pardon au lecteur.

Périgueux, 15 juillet 1881.

CHAPITRE PREMIER

Les principes.

———

§ 1.

Quand on s'adresse à une entreprise de transports : voitures sur
route, compagnie fluviale ou maritime, chemin de fer, etc., et
qu'on lui confie sa personne ou sa marchandise, on sait à l'avance
qu'il faudra payer le service rendu, service onéreux qui doit
nécessairement être rétribué ; mais la situation est toute différente,
suivant qu'on a affaire à un chemin de fer ou à un autre mode
de locomotion.

La mer, les fleuves et les rivières appartiennent à tout le monde:
la route, construite par l'État ou le département, est livrée gratuitement au public; si donc vous vous adressez à une entreprise de
transport par eau ou sur route, la rétribution du service n'est que
la rémunération des *frais du transport proprement dit*. Mais, pour un
chemin de fer, il n'en est pas ainsi; avant de faire circuler un
wagon, on a construit la plate-forme de la voie et dépensé en
achats de terrains, travaux, etc., de fortes sommes qui constituent
la *dépense de premier établissement*.

Il faut que le capital employé dans ces travaux trouve sa rémunération, et, par suite, il est indispensable que, sur chaque perception opérée au guichet, on fasse un prélèvement destiné à désin-
téresser ce capital. Non-seulement on doit lui servir un intérêt,
mais on doit encore l'amortir, puisque, dans le système adopté en
France, les concessions sont précaires et doivent cesser à la fin
d'une certaine période.

Dès lors, toute perception doit atteindre un double but : 1° couvrir les dépenses d'exploitation ; 2° rémunérer et amortir le capital de premier établissement. Il doit être fait deux parts dans cette

perception : la première, représentant *le prix du transport*, la seconde, *le prix du péage*.

Cette double opération pourrait être confiée à des mains différentes : une compagnie construirait et percevrait le montant du péage ; une autre exploiterait et toucherait le prix du transport ; nous en avons des exemples : les canaux de navigation ont été construits par l'État ou par des compagnies qui perçoivent un péage sous le titre de droits de navigation ; le transport est effectué par des compagnies ou par des particuliers auxquels le commerce paie le transport. En France, les compagnies de chemins de fer ont réuni les deux opérations : elles sont à la fois compagnies de construction et compagnies de transport ; les recettes sont affectées d'abord à payer les frais d'exploitation, et ensuite le capital de premier établissement est plus ou moins rémunéré suivant que l'exploitation a donné plus ou moins de bénéfices.

En général, le public est persuadé que rien n'est plus confus ni plus inextricable que la question des *tarifs des chemins de fer*, et il est de mode de placer dans la discussion les titres variés de « tarifs généraux, tarifs spéciaux, communs, différentiels, de transit, d'exportation, etc. « Toute cette complication n'est qu'apparente ; il suffit d'une étude sommaire pour ne pas s'égarer dans ce prétendu labyrinthe ; mais, dans notre temps de parlementarisme, il est admis qu'on a le droit de parler des choses qu'on connait le moins. Il est, en effet, plus commode de dire de grands mots que d'étudier les affaires et surtout que de donner de bonnes raisons. On a fait des tarifs des chemins de fer un tel épouvantail que beaucoup de gens n'osent pas en aborder l'étude. Cette étude est pourtant facile et à la portée de tout le monde, surtout si l'on ne cherche pas à pénétrer trop avant dans les détails ; elle est dominée et régie par un petit nombre de principes dont il est aisé de se rendre compte. Nous allons l'essayer.

§ II

Quand le gouvernement a concédé un chemin de fer, il a autorisé la Compagnie à percevoir des taxes ; ces taxes sont extrêmement simples, surtout si on les dégage des nombreux articles auxquels le public est indifférent.

Pour les voyageurs, trois classes : chaque voyageur paie par kilomètre : 0 fr. 10 pour la première classe ; 0 fr. 07 1/2 pour la seconde classe : 0 fr. 05 1/2 pour la troisième classe.

Pour les marchandises, deux catégories : la grande et la petite vitesse.

Pour les marchandises transportées à grande vitesse, une seule classe, quelle que soit la nature de la marchandise ; 0 fr. 35 par tonne et par kilomètre.

Pour la petite vitesse, quatre classes, suivant la nature de la marchandise :

0 fr. 16 par tonne et par kilomètre pour la 1re classe.
0 fr. 14 — — pour la 2e classe.
0 fr. 10 — — pour la 3e classe.

Pour la quatrième classe, le prix varie de 0 fr. 08 à 0 fr. 04 par tonne et par kilomètre, à mesure que la distance parcourue augmente.

La nature seule des marchandises détermine la classe. Ainsi, par exemple, les tissus sont de la première classe, les blés sont de la seconde, les ardoises de la troisième, les houilles sont de la quatrième classe.

C'est le *tarif du cahier des charges*, le tarif de la concession, c'est le maximum, que sous aucun prétexte la Compagnie n'a le droit de dépasser. Elle l'applique en effet pour les transports des voyageurs et des marchandises à grande vitesse ; mais ce tarif du cahier des charges est absolument abandonné lorsqu'il s'agit des transports à petite vitesse, et remplacé par le *tarif général*, dont nous allons indiquer l'origine et le fonctionnement.

Le tarif du cahier des charges a réparti les transports en quatre classes, et comme tous les produits imaginables doivent être compris dans cette classification, les désignations sont nécessairement un peu vagues. La première classe renferme dix-sept articles, la seconde trente-deux, la troisième dix, la quatrième onze : ensemble soixante-dix. Il est indispensable, quand on en arrive à l'application, de mieux circonscrire les définitions. D'autre part, la Compagnie est autorisée à percevoir ces taxes ; mais *elle n'y est pas forcée*, elle a le droit de faire *payer moins*. Dès lors, elle s'est livrée à une nouvelle étude ; elle est entrée dans le détail de toutes les matières, elle en a dénommé plus de quinze cents ; elle les a réparties suivant un groupement nouveau auquel elle a donné le nom de *séries*, et elle a appliqué à chaque série un prix de transport égal ou inférieur à celui que prévoit le cahier des charges. Ici, la Compagnie était livrée à son libre arbitre, pourvu qu'elle ne dépassât pas les taxes prévues au cahier des charges. Aussi, alors que les tarifs des cahiers des charges sont les mêmes pour toutes les Compagnies, les tarifs généraux varient-ils avec chacune d'elles. L'Orléans a quatre séries ; l'Est et le Midi en ont cinq, le Nord, le Lyon et l'Ouest en ont six.

Cettedivergence est regrettable ; les Compagnies se préoccupent de la faire cesser : elles ont étudié un nouveau tarif général qui serait uniforme pour toutes les Compagnies. Ce nouveau tarif est soumis à l'homologation du Ministre des Travaux publics.

Les transports taxés au tarif général sont soumis à toutes les conditions prescrites par le cahier des charges : il en résulte que ces tarifs généraux se sont substitués absolument au tarif du cahier des charges, et que celui-ci n'a plus dès lors aucun intérêt pour le public. Il était cependant nécessaire de le mentionner, puisqu'il est la base de toute la tarification.

Dès qu'on arrive à la pratique, on constate que l'application pure et simple du tarif général fermerait l'accès du chemin de fer à un grand nombre de marchandises ; en outre, il est incontestable qu'il y a certaines circonstances qui justifient des abaissements de taxes. Ainsi, on ne peut traiter de la même manière un particulier qui expédie un sac de charbon et un industriel qui charge complètement un wagon de 10,000 kilogrammes ; il est évident que le second doit payer moins cher que le premier. Le cahier des charges, et, par suite, le tarif général, ne font aucune distinction entre les deux expéditeurs. Aussi, en dehors de ses tarifs généraux, la compagnie est-elle amenée à consentir des *tarifs spéciaux* et la grande masse des transports industriels se fait sous leur régime. Chacun d'eux vise une *espèce*, un cas particulier, une nature spéciale de marchandises, faisant un parcours spécial. Tous aboutissent à une réduction de prix ; mais cette réduction n'est consentie au commerce qu'en échange de certaines concessions que le commerce fait à la compagnie. Ce fait est capital, mais malheureusement trop peu connu du public.

En effet, le cahier des charges impose à la compagnie certaines obligations vis-à-vis du commerce, par exemple, la durée du trajet ; le tarif spécial stipulera que les délais de route pourront être augmentés dans une proportion déterminée. Ainsi que nous l'avons, dit plus haut, le tarif général taxe de la même manière un sac de charbon ou un wagon complet; le tarif spécial stipulera qu'il ne s'applique qu'à des chargements de 5 tonnes au moins. Le tarif spécial n'est donc pas un avantage pur et simple, consenti par la compagnie, c'est un contrat *bilatéral* entre la compagnie et l'expéditeur, contrat par lequel l'expéditeur accepte certaines dérogations au cahier des charges.

Nous avons dit que les tarifs spéciaux étaient des questions d'espèce, il est donc impossible d'énumérer ici toutes les dérogations, toutes les concessions consenties par le commerce, en échange des tarifs spéciaux; cependant, pour plus de clarté, nous indiquerons les plus fréquentes.

1° *Clause du wagon complet;* exprimée en ces termes : par wagon complet de 5 ou de 10 tonnes, ou en payant pour ce poids s'il y a avantage pour l'expéditeur;

2° *Clause de l'augmentation des délais de route;* les règlements imposent aux compagnies de transporter dans un délai déterminé; le tarif spécial stipule que ces délais peuvent être augmentés et indique quelle peut être cette augmentation;

3° *Clause de non-responsabilité pour les déchets ou avaries de route.* — Cela se comprend sans explication;

4° *Clause de chargement et de déchargement.* — Aux termes du cahier des charges, et par conséquent du tarif général, la compagnie doit recevoir la marchandise à quai et la rendre sur quai; elle doit faire le chargement et le déchargement moyennant une taxe déterminée. Cette obligation est une gêne pour la compagnie, parce qu'elle l'oblige à entretenir en permanence une armée d'ouvriers pour des besoins variables. En consentant certains tarifs spéciaux, elle stipule que le chargement et le déchargement seront faits par le commerce dans un délai déterminé, passé lequel il devra des droits de magasinage.

Telles sont les clauses les plus fréquentes, mais il y en a beaucoup d'autres; c'est ainsi que les charbons de bois ne pourront bénéficier du tarif spécial qu'à la condition d'être arrimés d'une manière particulière. C'est ainsi que les étais de mines ne pourront bénéficier du tarif spécial que s'ils sont chargés dans des wagons à houille retournant à vide à la houillère, et ainsi de suite.

Nous espérons que ce qui précède aura démontré que la réduction de la taxe n'est accordée qu'en échange de concessions faites par l'expéditeur. Aussi le tarif spécial n'est-il jamais appliqué d'office, il faut que l'expéditeur en fasse la demande formelle, et cette obligation est inscrite à la suite de tous les tarifs spéciaux sous la forme suivante :

« Les prix du présent tarif ne sont appliqués qu'autant que l'expéditeur en fait la demande expresse sur sa note d'expédition ; à défaut de cette demande préalable, l'expédition sera taxée, de droit, aux prix et conditions des tarifs généraux de la compagnie. »

L'élaboration des tarifs spéciaux est la grande préoccupation des compagnies. Il serait impossible d'énumérer les motifs qui amènent à les établir, ce serait faire l'histoire du commerce de France pour chaque industrie et pour chaque contrée.

Mais les explications que nous venons de donner sur les tarifs spéciaux s'appliquent à tous les tarifs autres que les tarifs généraux. Il n'y a dans les compagnies que deux tarifs : les tarifs généraux pour les transports exécutés en se conformant au cahier des charges, et les tarifs spéciaux pour les transports qui ont lieu en y dérogeant. Toutes les autres dénominations sont inutiles. *Les tarifs différentiels* sont des tarifs spéciaux dans lesquels le prix diminue à mesure que la distance augmente. (Tous les tarifs spéciaux sont différentiels.) Les tarifs *communs* sont des tarifs spéciaux qui s'appliquent à la marchandise empruntant plusieurs réseaux ; ils résultent d'un accord entre deux ou plusieurs compagnies. Les tarifs de *transit* sont des tarifs spéciaux s'appliquant aux marchandises qui ne font que traverser le territoire. Et de même pour les tarifs d'exportation, internationaux, de soudure, etc.

Tous ces noms particuliers n'ont pour but que de déterminer plus particulièrement l'objet du tarif spécial, mais les principes que nous avons indiqués s'appliquent indistinctement à tous ces tarifs.

§ 3.

Les tarifs généraux répondent à des besoins isolés et qui, individuellement, sont peu intéressants ; aussi sont-ils invariables. Fixés une fois pour toutes à l'origine de l'exploitation du réseau, ils sont encore les mêmes aujourd'hui et n'ont subi d'autres mo-

difications que celles qu'entraînait l'ouverture des nouveaux tron-
çons. Les tarifs spéciaux au contraire sont ceux qui sont utilisés
par l'industrie ; ils représentent la grande masse des transports ,
aussi n'y a-t-il pas de jour qui n'en voie surgir un nouveau à la
demande du commerce et de l'industrie. Leur préparation donne
lieu à des débats continuels entre le commerce et les compagnies ;
mais il ne faudrait pas croire que leur rédaction soit livrée à l'arbitraire, et il y a certaines règles générales dont il est impossible
de s'écarter. Il est bon que le public connaisse ces règles et sache
quelles sont les considérations qui influent sur les tarifs. Il n'y a
pas de question industrielle dans laquelle la vérité soit plus
méconnue et qui donne lieu à de plus grandes hérésies.

Nous sommes, en France, extrêmement ignorants de tout ce
qui touche à l'économie politique. Malgré les efforts d'un petit
nombre de savants, malgré quelques publications périodiques
intéressantes, les questions économiques sont l'apanage de quelques adeptes.

M. de la Gournerie, inspecteur général des ponts et chaussées,
a publié, en 1880, des *Études économiques sur l'exploitation des chemins de fer* extrêmement intéressantes, auxquelles nous allons faire
de nombreux emprunts. Il a pris pour épigraphe de son livre ce
mot de Bastiat : « La science économique se résume dans le mot
valeur, dont elle n'est que la longue explication. » Dire que la
valeur d'un produit, c'est ce qu'il vaut, a l'air d'un axiome
digne de M. de la Palisse ; et cependant, c'est faute d'en comprendre la portée qu'on arrive trop souvent aux combinaisons les
plus étranges.

Toute transaction, toute opération commerciale se résume en
trois termes : *l'offre* émanant de celui qui détient l'objet de la
transaction ; *la demande* émanant de celui qui désire s'en rendre
acquéreur ; la réalisation de la transaction, moyennant une soulte
qui constitue le troisième terme, ou la *valeur* de l'objet. Le libraire
édite un livre, il le met à sa devanture, il l'*offre*. Le client désire
l'acheter, il le *demande*. Entre les deux parties s'établit un débat,
un marchandage, et finalement l'objet change de main, moyennant une somme qui représente la *valeur* du livre. Rien au monde
n'est plus simple, plus fréquent, et cependant, dès que l'opération se complique, ces principes, si simples en apparence, sont
bien souvent méconnus.

La modeste opération que nous venons de décrire n'a d'autre
résultat que d'établir la valeur de l'objet; il faut trouver un prix
tel que le vendeur et l'acheteur s'accordent pour réaliser l'échange.
Remarquons que le prix de revient n'est qu'un des éléments et
un des moindres de l'opération. Il exerce une certaine influence
sur l'offre; il est clair que le libraire établit son prix de revient,
qu'il l'augmente d'un certain bénéfice, et que c'est là son point
de départ; mais, pour l'acheteur, le prix de revient lui est indifférent; son seul guide, c'est le besoin ou le désir qu'il a d'acheter
et l'impossibilité d'obtenir l'objet à meilleur prix. Pour le sujet
qui nous occupe, cette considération du prix de revient présente
un assez grand intérêt; aussi croyons-nous nécessaire d'insister
par quelques exemples :

Un ouvrage est tiré à mille exemplaires, il a la faveur du
public, il se vend avec un gros bénéfice, et à mesure que les
exemplaires s'enlèvent, la première mise de fonds s'amortit : les
derniers exemplaires devraient donc se vendre meilleur marché,
car leur prix de revient est évidemment moindre ; au contraire,
la valeur augmente et peut arriver à atteindre des prix exorbitants,
jusqu'à ce qu'une nouvelle édition vienne fournir un nouvel
aliment aux acheteurs. Au contraire, telle autre publication émise
à un prix élevé ne trouve pas de lecteurs, et va s'échouer immédiatement chez le bouquiniste, pis encore, chez l'épicier, qui la
vend au poids. Qu'est devenu le prix de revient? Et si, en parcourant la nomenclature des objets d'ameublement et d'habille-
ment, nous faisons intervenir la *mode*, que d'objets dépréciés et
vendus à vil prix ! Qu'arrive-t-il du prix de revient?

Il y a même plus : l'opération est souvent inverse, c'est-à-dire
que c'est la valeur qui détermine le prix de revient. Pour les
objets, très nombreux, qui ont une valeur courante et adoptée, le
fabricant doit s'ingénier à perfectionner sa fabrication et à abaisser
son prix de revient pour qu'il reste au-dessous de la valeur. S'il
se trompe, tant pis pour lui, et la valeur ne se relèvera certainement pas pour l'indemniser de sa maladresse.

Concluons donc que toutes les fois que les transactions se font
dans des conditions naturelles, quand l'offre et la demande
peuvent jouer librement, le prix de revient a peu ou point d'influence sur la valeur.

Revenons à notre sujet et appliquons-lui ces principes. Qu'est-ce qu'un tarif? C'est une transaction entre l'entrepreneur de transports et l'expéditeur. Le premier offre de transporter, le second demande qu'on transporte : voilà les deux premiers termes. Si l'entrepreneur exige un prix trop élevé, la marchandise refuse ; si le détenteur de la marchandise veut payer trop bon marché, l'entrepreneur refuse à son tour et dans les deux cas, la marchandise reste immobilisée. De là résulte un débat, un marchandage, la *valeur* du transport s'établit : le tarif doit représenter cette valeur.

On voit dès lors que le prix de revient n'influe que faiblement sur la détermination de la valeur du transport, d'autant plus que ce prix de revient est presque impossible à fixer, ainsi que nous le montrerons plus loin.

M. de la Gournerie dit : « Un transport, comme toute marchandise et comme tout service, a une valeur déterminée par le jeu de l'offre et de la demande ; on doit le *payer non ce qu'il coûte, mais ce qu'il vaut* ». Voilà une idée juste, bien exprimée.

Dans l'industrie des transports plus que dans toutes les autres, il est presque impossible de développer toutes les considérations qui influent sur l'offre et sur la demande, et conséquemment sur la valeur. L'industrie se résume en général en un objet tangible dont la valeur a un caractère bien déterminé ; il n'en est pas de même d'un transport ; il ne sera donc pas inutile d'indiquer les principaux éléments de la valeur d'un transport et les causes qui peuvent la faire varier.

§ 4.

Parmi ces causes nous ne mentionnerons que pour mémoire le prix de revient. Cependant cet élément n'est pas à négliger, et nous y reviendrons.

Nous avons vu comment s'établissait le débat entre la compagnie et l'expéditeur, débat qui a pour sanction l'établissement de la valeur. Examinons de plus près la situation de chacune des parties.

L'expéditeur a un but à atteindre en déplaçant sa marchandise ; il veut l'offrir sur un marché où sa valeur est plus grande qu'au lieu de la production ; si le transport ne lui coûtait rien, le bénéfice qu'il réaliserait serait la différence entre la valeur de l'objet

au point d'arrivée et cette valeur au point de départ ; cette différence est généralement connue ; le transport est prélevé sur ce
bénéfice, et par conséquent l'expéditeur ne peut accepter un prix
de transport supérieur à cet écart ; il faut même que le prix de
transport soit inférieur afin que l'expéditeur ait intérêt à faire le
transport. Cet écart est le plus grand régulateur du tarif ; c'est le
plus fréquent. Les compagnies se tiennent au courant de la valeur
des produits dans chaque localité ; en abaissant les tarifs, elles
étendent le rayon dans lequel les marchandises peuvent se mou-
voir, elles créent des transports. Aussi arrive-t-il souvent qu'elles
prennent l'initiative de ces réductions.

Cet élément de la valeur du transport est variable, et par suite
les tarifs devraient varier en même temps. La Hongrie est un des
marchés où la France s'approvisionne de blés ; ces blés viennent
par chemin de fer. Si la récolte est moyenne dans les deux pays,
l'écart de prix est faible et on ne peut faire le transport qu'à la
condition de réduire le tarif à ses dernières limites ; mais s'il y a
disette en France et richesse en Hongrie, l'écart devient plus fort,
le transport vaut plus, et il serait de toute justice que les tarifs
fussent relevés. Si pareille chose se faisait, il n'y aurait pas assez
de malédictions pour accabler les compagnies, et nous avons choisi
cet exemple avec intention. Cependant c'est ce qui arrive pour
l'industrie libre. La Russie méridionale nous envoie également
des blés, et le transport a lieu généralement par le cabotage de
nationalité grecque. Dans les cas analogues, le cabotage élève ses
prix. Pendant l'automne dernier, le fret du blé d'Amérique en
France a notablement augmenté pour le même motif ; mais il s'a-
gissait d'une industrie libre ; dès lors personne n'y a trouvé à
redire.

Il y a quelque temps, par suite des circonstances atmosphéri-
ques, le prix du charbon de terre a augmenté sur le carreau de
la mine ; immédiatement les ouvriers du Borinage se sont mis en
grève. Quelle différence y a-t-il ?

La valeur de l'objet transporté intervient d'une manière très
directe dans la valeur du transport. Ce principe a même été reconnu
par le cahier des charges ; car sa division en quatre classes n'a
pas d'autres bases. Si on s'était placé au point de vue du prix de
revient, on ne comprendrait pas pourquoi les bois de teinture sont
dans la première classe, à 0 fr. 16, tandis que les bois à brûler

sont dans la seconde, à 0 fr. 14. C'est que le prix de transport représente une plus faible proportion du prix total pour les premiers, et que, par suite, le transport a pour eux plus de valeur.

Un des éléments les plus sérieux de la valeur, c'est la concurrence. Plus loin, en parlant du monopole, nous traiterons la question de la concurrence entre voies ferrées; mais nous devons dire ici un mot de la concurrence entre les chemins de fer et les autres modes de transport. Le charroi sur essieu n'est pas un concurrent bien sérieux, il ne s'applique qu'à des quantités faibles et à des distances réduites, et en général les chemins de fer n'essaient pas de lutter contre lui. Mais il n'en est pas de même quand il s'agit des voies navigables ou du cabotage; ce dernier notamment est un concurrent redoutable. Les chemins de fer qui sont parallèles au littoral ont à lutter sérieusement avec lui, et les compagnies de l'Ouest, d'Orléans et du Midi ont été obligées de réduire considérablement leurs tarifs. Il est bien évident, en effet, que si, de Bordeaux à Nantes, un transport par chemin de fer ne vaut pas plus que par bateaux, la compagnie ne pourra pas le faire payer plus cher que ne demande le cabotage. Mais le transport par chemin de fer vaut plus, parce qu'il est plus régulier, parce qu'il est plus rapide, parce qu'il est plus sûr, et que tout cela se paie; la compagnie pourra donc demander une taxe un peu plus élevée que le cabotage, et elle n'y manquera pas.

Les voies navigables, canaux ou rivières, sont également un régulateur fréquent de la valeur des transports. Sur les trajets desservis concurremment par les deux modes, le chemin de fer ne peut faire payer son transport plus qu'il ne vaut; il vaut le même prix que sur le canal, avec une majoration due à la nature plus perfectionnée de l'instrument.

Citons un exemple frappant : la Loire est parallèle au chemin de fer d'Angers à Nantes, mais le fret sur la rivière est plus élevé à la remonte qu'à la descente. Il en sera de même pour le chemin de fer. Le tarif général sur la voie ferrée d'Angers à Nantes sera d'un franc moins élevé que de Nantes à Angers. Le transport vaut moins dans le premier cas que dans le second.

Une des circonstances les plus curieuses qui influent sur la valeur des transports se rencontre dans les périodes d'encombrement. M. de la Gournerie a traité excellemment ce point particulier.

« Dans la plupart des industries, la production et la consommation présentent des irrégularités qui, modifiant les rapports de l'offre et de la demande, introduisent des variations dans la valeur des marchandises.

» Lorsqu'une circonstance exceptionnelle attire dans une ville un grand concours d'étrangers, les loyers montent et par suite, d'une part, les aubergistes sont conduits à faire des dépenses pour approprier de nouveaux appartements à la location en détail; de l'autre, bien des personnes réduisent la durée de leur séjour. Il résulte de ces deux effets que tous les arrivants trouvent place, tandis que, si l'autorité avait décrété la fixité des prix, beaucoup de voyageurs n'auraient pu avoir aucun gîte.

» Des difficultés du même genre se sont souvent présentées dans l'industrie des transports, et elle les a généralement résolues de la même manière. Lorsque la demande devient plus grande, le roulage, la batellerie et le cabotage augmentent leurs prix (en 1847, le fret sur le Rhône a passé du simple au décuple); en Angleterre et aux Etats-Unis, les chemins de fer élèvent leurs tarifs; les marchandises les moins pressées attendent alors que les cours soient revenus aux taux ordinaires. La solution du problème des encombrements consiste dans la variation des prix entraînant, comme conséquence, l'établissement de magasins dans toutes les localités où des affluences exceptionnelles de marchandises peuvent se produire, car les navires et les wagons ne doivent jamais en tenir lieu. »

L'influence de l'offre et de la demande peut se faire sentir sous des formes qui, au premier abord, paraissent bizarres. La houille de Blanzy arrive à Nantes faire concurrence aux charbons anglais. Cette houille est grevée des frais d'un transport énorme effectué par bateaux. Pour être transportée du lieu de production jusqu'à Nantes, elle passe par Tours. Or, le prix est le même à Tours qu'à Nantes; il a même, à une certaine époque, été plus élevé à Tours. La raison en est simple : c'est que le prix de la houille, dans la basse Loire, a pour régulateur le prix des charbons anglais, et que les charbons anglais sont plus chers à Tours qu'à Nantes. Personne ne songe à se plaindre de cette anomalie parce qu'il s'agit d'une industrie libre. Mais dès que ce même fait se produit dans un tarif de chemin de fer, il soulève des .tempêtes de réclamations. On s'indigne que le prix soit le même de Bordeaux à Redon que d'Angoulême à Redon bien que la marchandise parcoure 132 kilomètres de plus pour le premier trajet, sans prendre en considération que les prix de transport par chemin de fer entre Bordeaux et Redon sont limités par la concurrence du cabotage, et qu'il n'en est pas de même entre Angoulême et Redon. Si on suivait les habitudes anglaises, le transport d'Angoulême à Redon coûterait *plus cher* que de Bordeaux à Redon, à cause de la concurrence du cabotage.

Cependant le sentiment public s'est tellement insurgé que l'Administration a dû lui faire une concession; c'est ce qu'on appelle la clause *des stations non dénommées*, qui est applicable à tous les tarifs spéciaux et qui est ainsi libellée :

« Les marchandises de ou pour une station non dénommée, comprise entre deux stations dénommées, jouiront du bénéfice des taxes inscrites au présent tarif spécial, en payant pour la distance entière depuis la station dénommée, située avant le lieu du départ, jusqu'à la première station dénommée située après le lieu de destination ».

Cela semble de toute justice et pourtant il est bien des cas où ce principe est radicalement faux, et on a le droit de dire que ce n'est « qu'un expédient propre à diminuer la vivacité des réclamations ».

On lit dans une brochure imprimée par les soins du Ministère des Travaux publics, en septembre 1877 :

« A l'origine de l'exploitation, le système différentiel avait été poussé jusqu'à l'abus : aussi n'était-il pas rare de voir une marchandise payer plus cher pour une distance moindre que pour une distance plus considérable, sur une seule et même ligne. Le parcours de Paris à Angers, par exemple, était taxé plus haut que le parcours de Paris à Nantes, et cela même dans le tarif général.

» Ces anomalies, tant reprochées aux chemins de fer, n'étaient cependant pas un fait nouveau dans l'industrie des transports. Avant l'établissement des voies ferrées, le roulage percevait également un prix plus élevé de Paris à Angers que de Paris à Nantes, et l'on voit que, sur ce parcours, le chemin de fer n'avait fait que suivre les anciens errements du roulage. La batellerie, de son côté, prenait autrefois plus cher de Châlon-sur-Saône à Villefranche que de Châlon à Lyon ; plus cher de Lyon à Tarascon que de Lyon à Arles. »

M. de la Gournerie reprend cette question avec une grande autorité et, après avoir montré les causes de ces inégalités de transport, il ajoute :

« Les chemins de fer sont dans les mêmes conditions que le roulage et la batellerie. Je ne vois pas comment il pourrait être possible d'établir qu'un transport plus long n'a jamais une valeur moindre ou que chaque transport ne doit pas être payé à sa valeur. Les faits signalés dans le document précité ne me paraissent présenter ni abus, ni anomalies. Il importe d'ailleurs d'observer que ces faits ont été parfaitement acceptés tant qu'ils ont été l'œuvre du commerce libre. Un peuple peut adopter sur son territoire des combinaisons artificielles ; mais, dans ses relations avec les autres peuples, la réalité des faits commerciaux apparaît et met en évidence le vice des dispositions adoptées. La clause des stations non dénommées a permis aux chemins de fer étrangers de prendre une partie du trafic entre Roubaix et Saint-Dié, villes voisines de la frontière. Nos Compagnies ne peuvent entrer en lutte et réduire pour ce trajet leurs bénéfices à la dernière limite, parce qu'elles seraient obligées d'accorder les mêmes avantages à un grand nombre de stations intermédiaires et, par suite, de subir une perte considérable.

» L'Administration a été obligée d'autoriser, pour le transit, des tarifs spéciaux sur lesquels on ne peut s'appuyer pour réclamer l'application de la clause des stations non dénommées. Il est évident qu'on ne saurait faire payer aux étrangers un transport plus cher qu'il ne vaut. »

Dès que les notions élémentaires de l'offre et de la demande ne sont plus faussées par l'intervention administrative, la valeur reparaît, et, comme le dit M. de la Gournerie, il est incontestable qu'un transport plus long peut avoir une valeur moindre.

Le fret de Calcutta pour le Havre est de 50 0/0 plus élevé que de Calcutta pour Londres.

Si nous nous sommes fait comprendre de nos lecteurs, ils doivent être convaincus qu'il est impossible de formuler un principe théorique s'appliquant à tous les cas ; les circonstances peuvent changer à l'infini et influer de la manière la plus grave sur les prix. Tel n'est pourtant pas l'avis de l'administration supérieure,

puisque « M. le Ministre des Travaux publics, dans ses circulaires
des 29 août 1878 et 17 avril 1879 adressées aux directions des
chemins de fer de l'État, formulant les règles à suivre en matière
de tarifs, recommandait d'éviter dans l'établissement des taxes
de bouleverser les conditions naturelles résultant des distances
ou de la situation topographique et de déplacer les courants
commerciaux ».

Ce n'est pas sans un vif étonnement que nous avons lu ces
lignes dans le rapport de la commission parlementaire; elles nous
paraissent en contradiction flagrante avec toutes les lois économiques qui régissent les transports. Ce *bouleversement* est, au contraire, l'étude constante de l'économiste et du politique. Que
faites-vous donc en créant un canal ou un chemin de fer, sinon
bouleverser les conditions naturelles résultant des distances? Quand
vous améliorez une rivière, que vous en augmentez le tirant d'eau,
vous *bouleversez* la situation économique créée par la géographie.
En créant les canaux du Nord, vous avez fermé le marché parisien
aux houilles du Centre, et en créant le chemin de fer de Paris
à Commentry vous l'avez rouvert. Et le percement du mont Cénis,
qui a supprimé les Alpes, quel *bouleversement* géographique! Pauvre
Ferdinand de Lesseps, qui croyait avoir fait une œuvre magistrale
en raccourcissant de 3,000 lieues la distance de l'Europe aux
Indes! Si jamais quelqu'un a mérité d'être voué aux gémonies,
c'est certes celui-là. Il paraît qu'il n'est pas repentant et que le
bouleversement est une manie chez lui, puisqu'il médite encore de
bouleverser les conditions naturelles de nos relations avec le Pacifique
et d'y *déplacer les courants commerciaux*. Comment le gouvernement
français ose-t-il étudier les moyens de *bouleverser* l'Afrique en
mettant Tombouctou à trois jours d'Alger!

Quelle est donc cette prétention de trancher, sans un examen
long et approfondi, ces questions de trafic si délicates et si mul-
tiples à la fois! Quelle agréable perspective pour le commerce!
Quand il viendra signaler à un directeur de chemins de fer un
besoin qui se révèle, lorsqu'il lui indiquera un débouché possible
pour un produit, moyennant une réduction de tarif, quelle décep-
tion de s'entendre dire : « Les circulaires ministérielles, en date
du 29 août 1878 et du 17 avril 1879, s'y opposent formellement. »
Ce sera l'*ultima ratio* de l'administrateur chargé de régler les questions de tarif. Laissons donc les commerçants traiter les affaires

commercialement et ne faisons pas intervenir l'État quand il n'a rien à gagner en se mêlant aux luttes que se livrent des intérêts privés.

Mais, dira-t-on, cette intervention de l'État est très légitime; les chemins de fer ne sont pas et ne doivent pas être une industrie libre : quand l'État a décidé leur construction, a subventionné les compagnies, il a voulu faire œuvre de gouvernement, créer un instrument de prospérité : l'exploitation des chemins de fer doit donc être dirigée dans un intérêt général et non dans l'intérêt particulier, il est possible que les Compagnies souffrent de cette intrusion de l'État; il est possible même que certains intérêts privés soient lésés, mais il faut faire passer avant tout l'intérêt général du pays.

Soit; mais ne devons-nous pas faire remarquer que cet intérêt général, dont on se targue, se compose de la somme des intérêts particuliers, et que par conséquent chacun d'eux est fort respectable. Et puis, qu'appelez-vous intérêt général? Il faudrait bien s'entendre. Il s'agit là d'objets de consommation : considérez-vous l'intérêt général des producteurs ou celui des consommateurs? il n'est pas difficile de montrer qu'ils sont contradictoires et que vous sacrifiez complètement les seconds aux premiers. L'intérêt évident des consommateurs est de voir sur le marché le plus grand nombre possible de concurrents : l'intérêt des producteurs est de restreindre ce nombre. Si les producteurs sont nombreux, les consommateurs le sont plus encore: leur nom est *légion*. Il est donc difficile de choisir entre eux, et s'il faut faire un choix, le devoir de l'État n'est-il pas de faire pencher la balance du côté du plus grand nombre ?

§ 5.

Nous avons dit que le prix de revient n'influait pas sur la détermination de la valeur. On voit même souvent l'industrie libre descendre sciemment au-dessous du prix de revient. L'histoire de la concurrence est pleine d'exemples de ce genre et dans l'industrie des transports notamment, il n'est pas rare de voir abaisser les tarifs à des prix dérisoires pour ruiner un concurrent. Ce fait se produit quand la concurrence s'exerce entre un petit nombre d'individus. Si les chemins de fer, en France, étaient une industrie libre, personne ne trouverait à redire à ce qu'ils suivissent cette loi générale Mais, ainsi que nous l'expliquerons plus loin, les Compagnies sont associées avec l'État, qui a limité leurs pertes en leur garantissant un minimum d'intérêt sur le capital du nouveau réseau. Dans ces conditions, il est clair que la lutte ne serait pas égale et que, pour ruiner un concurrent, les Compagnies ne courraient aucun risque à abaisser leurs tarifs au-dessous de leur prix de revient; ce serait l'État qui paierait les frais de la guerre. L'État a donc le droit, et même le devoir, de s'opposer à ce que les chemins de fer transportent au-dessous du prix de revient et, dès lors, il est utile de chercher à se rendre compte de ce prix.

Posons d'abord comme un principe qu'il est impossible d'établir exactement le prix de revient d'un transport déterminé. Il est bien évident, en effet, qu'une fois un train formé et prêt à partir, on peut y laisser monter un voyageur de plus, on peut y charger une balle de marchandise de plus, et la dépense de la Compagnie ne sera pas augmentée d'un centime; la perception, si minime qu'elle soit, sera donc un pur bénéfice net. Et cependant, d'autre part, on conçoit que si, d'une manière générale, la Compagnie abaisse tous ses tarifs au-dessous d'un certain minimum, elle est en perte. Tout ce qu'on peut faire, c'est donc de se rendre compte des considérations qui influent sur le prix de revient, sans chercher à le déterminer exactement.

Nous avons dit, en commençant, que toute taxe avait un double but: 1° couvrir les dépenses d'exploitation, c'est le prix de transport; 2° rémunérer le capital de premier établissement, c'est le péage. Nous allons retrouver ces deux éléments dans le prix de revient. Occupons-nous d'abord du transport.

Les dépenses d'exploitation d'un chemin de fer se divisent en deux catégories : la première est indépendante du trafic; la seconde augmente avec le trafic. Admettons pour un moment que le trafic d'un chemin de fer se réduise indéfiniment, il n'en faudra pas moins avoir une administration centrale, des chefs de station, des agents chargés de réparer la voie et le matériel roulant. Il faudra entretenir les bâtiments et renouveler les traverses qui pourrissent en terre; c'est la dépense indépendante du trafic. Mais si le trafic augmente, le personnel augmentera, l'usure de la voie et des machines s'accroîtra, il faudra plus de charbon;

il est évident que les dépenses vont grandir. Nous ne voulons pas indiquer ici de formule algébrique, nous n'écrivons pas pour les spécialistes : qu'il nous suffise de dire qu'on est à peu près d'accord pour reconnaître que la dépense kilométrique d'exploitation d'un chemin de fer se compose d'une somme constante, indépendante du trafic, comprise entre 4,000 et 6,000 francs, à laquelle il faut ajouter une somme proportionnelle à la recette brute comprise entre 40 et 60 0/0 de cette recette. Si le trafic est faible, cette somme constante est la partie la plus grosse de la dépense, elle grève lourdement chaque tonne de marchandises qui passe sur la voie. Si, au contraire, le trafic est considérable, cette somme constante n'a plus qu'une influence insignifiante sur le prix de revient du transport de la tonne. En d'autres termes, le prix de revient du transport diminue rapidement à mesure que le trafic augmente; cela était évident, mais encore fallait-il le dire. Il est clair que le prix de revient du transport est plus faible entre Paris et Chartres, où il passe 685,000 tonnes, qu'entre Rennes et Brest, où il en passe 106,000. C'est la loi de toute industrie; la plus grande production annihile l'influence des frais généraux.

Les conditions dans lesquelles la ligne a été tracée ont une influence très marquée sur le prix de revient d'un transport. Il faut six forts chevaux pour tirer un coche, « sur un chemin montant, sablonneux, malaisé ». Dès que cette même voiture arrive dans la plaine sur une bonne route, bien unie, on dételle les quatre chevaux de renfort devenus inutiles, et deux chevaux l'enlèvent au grand trot. Le prix de revient du transport sera singulièrement accru dans la partie montagneuse. Les pentes d'un chemin de fer sont très faibles, mais tout est relatif, et leur influence est capitale, bien qu'elle échappe au regard du voyageur distrait et indifférent. De Paris à Orléans, par exemple, on ne trouve que des pentes de $0^m,003$ par mètre : d'Orléans à Limoges les pentes augmentent et sont de $0^m,005$ par mètre; de Limoges à Nexon les pentes sont doubles et atteignent $0^m,010$ par mètre; de Nexon à Figeac, elles s'accusent davantage et atteignent $0^m,020$ par mètre; de Figeac à Arvant, elles augmentent encore et atteignent $0^m,030$ par mètre. La même machine qui part de Paris en traînant 880 tonnes est obligée d'en laisser 180 à Orléans et ne peut plus en tirer que 700 au-delà de ce point; arrivée à Limoges, il lui faut en laisser 260 et elle ne peut en remorquer que 440 jusqu'à Nexon; arrivée à Nexon, elle est obligée d'en laisser 240, et elle ne peut plus en traîner que 200 jusqu'à Figeac. Enfin, à Figeac, il faut encore qu'elle s'allége de 70 tonnes : elle ne peut plus en remorquer que 130. Ainsi, partie de Paris avec 880 tonnes, elle arrive à Arvant avec 130. Voilà des frais de traction singulièrement augmentés, et le prix de revient s'en ressent naturellement. C'est donc une grosse erreur que de se préoccuper uniquement de la distance pour l'établissement des prix de revient.

Dans le document que nous avons déjà cité, on laisse dans l'ombre cette considération grave, lorsqu'il s'agit de comparer le prix de transport de Coutras à Nantes, par Tours, à celui de Coutras à Nantes, par La Rochelle et La Roche-sur-Yon, alors que, dans la seconde direction, les pentes sont trois fois plus raides que dans la première. Attribuer uniquement la différence de tarif à une pensée de concurrence déloyale, c'est laisser ignorer un des points les plus graves de la question.

Il est facile de prouver que, lorsqu'il s'agit de transport, la ligne droite n'est pas toujours le plus court chemin d'un point à un autre : les trois villes de Brives, Limoges et Périgueux forment les trois sommets d'un triangle dont chaque côté est une ligne de chemin de fer ; sur la carte, ces trois côtés sont sensiblement égaux; les trois lignes appartiennent à la Compagnie d'Orléans, il n'y a donc aucune concurrence à faire intervenir. Il paraît donc bien certain que les marchandises de Brives pour Limoges suivront directement la ligne qui réunit ces deux villes. Eh bien, il n'en est rien, et toutes les marchandises de Brives pour Limoges passent par Périgueux, parcourant ainsi une distance double. C'est que, entre Brives et Limoges, on rencontre des pentes très raides qui obligent à réduire la charge des locomotives, et telle machine qui remorque trente wagons pleins, entre Brives, Périgueux et Limoges, n'en traînerait que douze entre Brives et Limoges. Au point de vue du prix de revient, il y a donc moins loin de Brives à Limoges en passant par Périgueux qu'en y allant directement : nouvel exemple de *bouleversement des conditions naturelles, résultant des distances et de la situation topographique*.

Citons encore une considération qui influe sur le prix de revient : Paris est un grand consommateur, il absorbe les matières premières lourdes et encombrantes, il exporte quelques produits légers. Qui de nous n'a pas été frappé, en approchant de Paris, de voir ces immenses trains de wagons vides qui retournent à la houillère, ou qui vont chercher des bestiaux? Combien sera minime pour la Compagnie le prix de revient d'une matière qu'on jettera en passant dans un de ces wagons vides, pour constituer ce qu'on appelle un transport de retour?

Il faut nous borner, car on écrirait un livre si l'on énumérait toutes les causes qui interviennent dans la détermination du prix de revient. Il nous reste seulement à traiter cette question au point de vue du péage.

Pour chaque cas particulier, il est tout aussi difficile de trouver le prix de revient du péage. Cependant, ce prix est influencé par moins d'éléments que le prix de revient du transport, et on peut dire qu'il n'y en a que deux qui aient une action capitale : c'est le prix du premier établissement de la ligne, et le tonnage total auquel elle donne passage. Or, ces deux éléments sont connus.

On sait, en effet, quel est le prix de revient de premier établissement de la ligne, et on en déduit quelle charge annuelle représentent l'intérêt et l'amortissement de ce capital ; on connaît, d'autre part, le tonnage qui passe sur la ligne ; en divisant l'un par l'autre, on a le prix de revient du péage. Par exemple, la ligne de Bordeaux à Angoulème a coûté 400,000 francs le kilomètre, soit à 6 0/0, 24,000 francs de charge annuelle. Elle donne passage à 900,000 tonnes ; le prix de revient du péage est le quotient de 24,000 divisé par 900,000 soit 0 fr. 02 et demi. Il est bien entendu que ceci est le péage moyen pour l'ensemble des marchandises circulant sur la section de Bordeaux à Angoulème.

La ligne de Coutras à la Roche-sur-Yon, réseau de l'État, a certainement coûté plus de 200,000 francs par kilomètre, soit un revenu annuel de 12,000 francs. Son tonnage moyen est de 75,000 tonnes ; le prix de revient du péage est donc le quotient de 12,000 par 75,000, soit 0 fr. 16, c'est-à-dire six fois plus que dans le premier cas. On voit immédiatement l'influence capitale du tonnage. Les prix de premier établissement varient peu sur les lignes françaises. Les plus grands écarts sont environ du simple au double ; mais les tonnages varient considérablement depuis le chemin de Lyon à la Méditerrannée, qui donne passage à 2 millions et demi de tonnes, jusqu'à la ligne de Tours à Bressuire, qui n'en transporte que 32,000. On conçoit quels écarts en résultent pour le prix de revient. On aurait donc le droit de dire, si on ne tenait compte que du péage, qu'en transportant· à 0 fr. 03 la compagnie d'Orléans réalise un bénéfice, tandis que le chemin de l'État subit une perte en effectuant le transport à 0 fr. 15.

L'impossibilité d'établir le prix de revient a pour conséquence que, dans la lutte du commerce avec les compagnies, la tendance du premier est de prendre ce prix de revient pour base de ses réclamations; comme c'est un minimum au-dessous duquel la compagnie ne doit pas descendre, le commerce cherche à prouver que ce minimum peut être abaissé, et à défaut d'arguments positifs, il en est un qu'il invoque à grands cris. Il dit aux compagnies : La preuve que vous pouvez m'accorder le tarif que je vous demande, c'est que dans telle direction vous l'avez accordé à telle autre industrie. Cet argument est très sérieusement présenté dans le rapport parlementaire où nous lisons : « Les abaissements de prix consentis par la Compagnie d'Orléans sur certaines de ses lignes en vue de la concurrence l'engagent à maintenir des tarifs élevés sur les lignes où elle a le monopole absolu du trafic. Elle cherche ainsi à se couvrir d'une partie des pertes qu'elle subit. Si nous recherchons par exemple ce que paient les marchandises allant de Redon à Bretigny, c'est-à-dire dans une direction où la compagnie n'a à craindre aucune concurrence, nous trouvons que pour 476 kilomètres, elles paient 37 fr. 40, c'est-à-dire 1 fr. 90 de plus que pour parcourir les 623 kilomètres qui séparent Redon de Bordeaux. »

La conséquence à tirer de ce qui précède, c'est que la marchandise qui ne peut se déplacer entre Nantes et Brest qu'à la condition d'être taxée à un tarif extrêmement bas, ne pourra obtenir cette facilité, car il faudra que la compagnie concède un tarif analogue à la même marchandise circulant entre Marseille et Nice. La concurrence du canal du Berry oblige le chemin de fer à transporter les minerais de fer du Guétin à Commentry à 0 fr. 03 par tonne et par kilomètre ; il faudra sur tout le réseau transporter les minerais de fer à 0 fr. 03. Nous voudrions savoir quelle est l'industrie qui consentirait à prélever un bénéfice égal sur tous ses produits. Elle serait promptement ruinée, car le public lui enleverait immédiatement tous ceux qu'elle offrirait de vendre au-dessous de leur valeur et lui laisserait tous ceux qui sont au-dessus. Le résultat le plus clair serait de fermer le chemin de fer à la grande masse des transports à prix réduits ; car les compagnies, obligées de se préoccuper des conséquences d'un abaissement isolé, n'en accorderont plus aucun. Si l'on veut entrer dans cette voie, pourquoi laisser subsister les classes et les tarifs spéciaux ? Il y a quelque chose de bien plus simple ; c'est de décréter un prix unique pour toutes les marchandises ; vous pourrez alors confier votre exploitation au premier venu, il la mènera parfaitement, et vous supprimerez ainsi tout le personnel commercial des compagnies.

Ce système que nous considérons comme une utopie a trouvé des défenseurs sérieux : aussi nous a-t-il paru utile d'insister sur ce point ; ce sera l'objet de notre second chapitre.

Mais il nous est d'ores et déjà permis de conclure que toutes ces énormités viennent d'une seule cause, c'est que le point de départ est faux, c'est qu'on veut chercher la base de la tarification dans le prix de revient, au lieu de la chercher dans sa véritable source, la valeur du service rendu.

§ 6.

Nous l'avons déjà dit ; toutes ces erreurs répandues dans le public, et qui ont pénétré jusque dans les sphères parlementaires, toutes ces hérésies, disons le mot, tiennent à ce que l'industrie des chemins de fer, en France, n'est pas libre ; les compagnies ont un monopole. Voilà le grief.

Les compagnies ont un monopole, personne ne le conteste, mais nous prétendons que ce monopole n'influe en rien sur les tarifs.

Et d'abord, l'industrie des transports à grande distance est forcément un monopole, parce qu'elle exige un matériel et une mise de fonds considérables. Les Messageries jouissaient d'un monopole de fait, puisque les deux entreprises se partageaient le trafic de la France, et personne n'ignore que les tarifs étaient les mêmes sur les Messageries nationales et sur les Messageries Lafitte et Caillard. Les transports sur la Saône et le Rhône étaient aussi un monopole, un monopole à deux ou trois compagnies.

De même pour les compagnies maritimes de l'extrême Orient.
Toutes les fois que la concurrence s'exerce entre un nombre
limité de concurrents, le monopole existe de fait; car l'entente
ne tarde pas à se faire; on prélève le plus qu'on peut sur le
public, sauf à partager après. L'histoire des chemins de
fer dans les pays libres, l'Angleterre et l'Amérique, est remplie
de ces ententes sous forme de fusions ou de traités d'exploitation. C'est une loi de la nature, contre laquelle il n'y a pas à
réagir.

En droit, ce monopole n'existe pas réellement; rien n'empêche
aujourd'hui l'État de concéder des lignes concurrentes; s'il ne le
fait pas, c'est qu'il sent bien qu'il ne fera pas disparaître ainsi le
monopole, il ne fera que le partager, et le résultat sera le même,
s'il n'est plus mauvais. Les exemples de ce monopole à deux
existent en France sur bien des points. On va d'Angers à Paris
par deux directions, de longueurs à peu près égales, et qui sont
dans des mains différentes : l'Ouest et l'Orléans. Il en est de
même pour le trajet de Nevers à Paris, de même pour celui de
Gray à Paris , de même pour celui de Clermont à Paris, de même pour celui de Paris à Namur. Voyons-nous que le public y
gagne beaucoup? Le créateur de notre réseau de chemins de fer,
M. de Franqueville, de si regrettable mémoire, avait bien mieux
compris les véritables intérêts du pays. Au lieu de réduire les
bénéfices des grandes lignes en créant des voies concurrentes, il a appliqué ces bénéfices à créer des voies affluentes.
La matière transportable n'est pas indéfinie; si vous grevez l'entreprise d'un double capital de premier établissement, votre prix
de revient de péage augmente, et par suite les tarifs devraient
être surélevés. Malgré le monopole, le critérium du prix de
transport sera toujours la valeur; et on ne pourra jamais demander à la marchandise que le tarif qu'elle peut supporter.

Et d'ailleurs, si cette idée de concurrence continue à être en
faveur auprès du public, qui ne se rend pas bien compte des
conditions économiques de la question des transports, il n'en
est pas ainsi dans les sphères parlementaires, car le principal
grief relevé contre la Compagnie d'Orléans, dans la publication
dont nous avons déjà eu occasion de parler, c'est précisément la
concurrence faite aux chemins de l'État; concurrence déloyale,
bien entendu (la concurrence est toujours déloyale pour celui

qui en souffre). On conclut qu'il faut faire disparaître la Compagnie d'Orléans pour supprimer la concurrence. Si cette conclusion était exacte, on serait en droit de se demander comment l'État, qui trouve détestable aujourd'hui la concurrence faite à ses chemins par la Compagnie d'Orléans, a pu se décider naguère à concéder le chemin des Charentes. La réponse à cette question nous semblerait difficile à faire. — Si l'État se substitue à la Compagnie d'Orléans, il ne vivra pas, comme elle le fait, en bonne intelligence avec ses voisins ; il se plaindra bientôt de la concurrence, toujours déloyale, que lui fera l'Ouest à Brest, à Redon, à Châteaubriant, à Angers, et pour la faire cesser, il supprimera l'Ouest. Il s'élèvera non moins énergiquement contre la concurrence que lui fera le Lyon à Gien, à Nevers, à Moulins, à Gannat, à Arvant, et il rachètera le Lyon pour la faire cesser.

Monopole pour monopole, l'État vaut-il mieux qu'une compagnie ? C'est au moins douteux.

La situation actuelle offre au moins cet avantage que l'État conserve un droit de tuteur sur les compagnies, droit qui lui permet de réprimer, s'il y a lieu, les écarts ou les abus de pouvoirs auxquels elles seraient tentées de se livrer. Il ne faudrait pas croire que, dans l'état actuel des choses, le gouvernement fût désarmé, il intervient dans bien des circonstances entre le public et les compagnies.

En première ligne, l'État n'a-t-il pas le droit d'homologation ? Avons-nous besoin de rappeler ici qu'aucun tarif ne peut être mis en vigueur sans avoir été autorisé par le ministre ? Cette autorisation n'est donnée qu'après l'avis d'agents spéciaux, qui consultent les chambres de commerce, se rendent compte de la portée du tarif nouveau et peuvent entrer en pourparlers avec la compagnie elle-même. Le ministre n'a pas à déduire les motifs de son refus d'homologation ; il est souverain, et s'il n'use pas souvent de ce droit de véto, c'est que les propositions des compagnies ont toujours été jusqu'à ce jour parfaitement justifiées.

Aussi est-il souverainement injuste de dire que les compagnies peuvent, par des jeux de tarifs, répartir à leur gré la prospérité dans le pays. Combien de fois cependant n'avons nous pas entendu répéter qu'on ne pouvait ainsi laisser les usines à la discrétion des compagnies. On oublie que celles-ci n'ont qu'un droit de proposition et que l'État seul peut autoriser la perception des taxes.

L'État intervient par toute une réglementation à l'exécution de laquelle il veille par les agents du contrôle : interdiction de traités particuliers, interdiction de relever les tarifs spéciaux avant un délai déterminé ; il est, du reste, sans exemple que les tarifs une fois abaissés aient été relevés.

En dehors de la réglementation administrative, il joue auprès des compagnies un rôle de modérateur et de conseil ; il représente auprès d'elles l'intérêt général, et il le représente avec désintéressement. Aussi ses conseils sont-ils toujours écoutés avec respect, discutés avec déférence, et finalement presque toujours suivis. Répétons le mot de M. Rouher à la Chambre : « Quand j'étais aux travaux publics, je n'ai jamais rencontré de résistance aux demandes justes que j'ai faites aux grandes compagnies ».

Mais il est une intervention de l'État, bien plus importante encore et sur laquelle il importe d'insister pour en préciser le caractère : l'État est l'associé des compagnies.

Tout le monde sait que l'État garantit un certain intérêt aux capitaux engagés sur les nouvelles lignes des compagnies, mais très peu de gens dans le public connaissent exactement la manière dont fonctionne cette garantie. Ce mécanisme est, en effet, assez compliqué, si on veut entrer dans les détails ; mais il est aisé d'en faire comprendre l'esprit général. Nous allons l'essayer.

A l'origine des chemins de fer, on était fort incertain sur leur avenir, et on eut quelque peine à trouver des concessionnaires pour les grandes lignes. Cette incertitude s'est trouvée justifiée en 1848, car il a fallu mettre l'Orléans sous séquestre et racheter le Lyon, dont le crédit était épuisé. Mais, dès que les événements politiques le permirent, le calme se rétablit. Dix ans après, les grandes lignes étaient faites, on voyait plus clair dans la question, on demandait déjà à établir des lignes concurrentes aux grandes artères, et, d'autre part, il fallait desservir par de nouveaux chemins de fer les régions laissées en dehors du tracé des lignes primitives. Il était évident que ces lignes secondaires ne feraient pas leurs frais ; mais, avec une grande sûreté de vues, le gouvernement d'alors comprit qu'après une période de perte qui pouvait durer une quarantaine d'années, on verrait le trafic se développer assez pour que ces lignes secondaires elles-mêmes donnassent aux capitaux un intérêt rémunérateur. Aucun capitaliste n'aurait consenti à courir cette aventure de faire une opération à si longue échéance ; l'État seul en était capable.

Mais ce réseau secondaire devait jouer vis-à-vis des lignes magistrales le rôle d'affluents et y développer considérablement le trafic ; il était donc juste que les compagnies contribuassent à son établissement ; en outre, les compagnies avaient quelque raison de craindre qu'on ne leur créât des lignes concurrentes pour les grandes artères, elles étaient donc disposées à la conciliation.

L'État, de son côté, retirait des avantages considérables de l'extension des réseaux, avantages très directs, en dehors des nécessités politiques qui le poussaient ; il était aussi de toute justice qu'il payât une large part.

De cette situation résulta une entente, et de chaque côté on fit des concessions mutuelles. Celles de l'État consistèrent dans des subventions en argent, pour diminuer le prix de premier établissement. Celles des compagnies consistèrent dans la réduction de leurs bénéfices sur les lignes primitives. Chaque compagnie fut divisée en deux réseaux, l'ancien et le nouveau, et il fut convenu que le jour où les revenus nets dépasseraient un certain niveau déterminé, les bénéfices excédants seraient partagés par moitié entre l'État et la compagnie.

De ces conventions résultait la constitution d'un ensemble de lignes dont le trafic général était insuffisant pour rémunérer le capital dépensé par la compagnie, mais on était d'accord pour reconnaître que cette insuffisance devait disparaître dans un certain nombre d'années et faire place à un excédent de recettes. Aussi ajouta-t-on aux clauses précédentes des dispositions transitoires. Si l'on s'en tient à un aperçu général, ces dispositions furent les suivantes : l'État garantit le service des obligations et, en outre, assure un revenu déterminé aux actions. Chaque année, on établit le bénéfice net de l'exploitation, et l'État verse à la compagnie le complément nécessaire. Ce complément est la *garantie de l'État*. Mais ce versement n'est pas un don, c'est un prêt, qui porte intérêt à 4 pour 100, dont la compagnie est constituée débitrice. Chaque année, par suite de l'extension du trafic, le prêt annuel diminue, et on peut prévoir approximativement l'année où la garantie ne fonctionnera plus. A partir de ce moment, la situation deviendra in-

verse, les recettes seront supérieures au revenu garanti et c'est
la compagnie qui versera tous les ans à l'État la différence, en
atténuation de sa dette jusqu'à ce qu'elle l'ait éteinte.

Ces avances de l'État sont garanties par le matériel de la compagnie.

Il est évident, d'après ce court exposé, que la compagnie et l'État
sont tous les deux intéressés à ce que le compte courant se réduise rapidement et prenne fin le plus promptement possible, car
le jour où il sera liquidé, les dividendes des actionnaires pourront
prendre un nouvel essor, tandis que jusque-là ils sont fixes à
peu près au même titre que les obligations. A partir de ce jour,
commencera pour l'État la participation aux bénéfices. Nous
avions donc le droit de dire qu'il y a une association véritable entre l'État et la compagnie. Par conséquent, il est difficile
de s'expliquer la prétention émise par le rédacteur du document
déjà cité. Nous le laissons parler. « On ne saurait trop le redire,
les grandes compagnies sont les régisseurs désintéressés de l'État.
Quelles que soient les voies de transport contre lesquelles elles
aient à lutter, directement subventionnées par l'État, ou exploitées
par lui, voies ferrées, navigation fluviale ou maritime, partout et
toujours, c'est la garantie d'intérêt qui paie les frais de la guerre. »
Une étude très rapide de la question suffit pour se mettre à l'abri
de pareilles erreurs.

Cependant il est un cas absolument improbable où cette assertion serait justifiée : ce serait celui où les avances de l'État, à
titre de garantie, atteindraient de telles proportions que la compagnie dût renoncer à l'espoir d'arriver au remboursement avant
l'expiration de sa concession. Elle aurait la certitude d'être dé-
faillante, et, par suite, il lui importerait peu que le déficit fût
plus ou moins fort, on pourrait dire alors qu'elle est désintéressée
des bénéfices. Une compagnie qui aurait accepté de nouvelles
concessions dans ces conditions aurait trahi les intérêts de ses
actionnaires ; nous ne croyons pas qu'il y en ait à qui on puisse
adresser ce reproche.

Les Compagnies du Nord et de Lyon n'ont jamais fait appel à la
garantie ; celles du Midi, de l'Orléans et de l'Est sont sorties de la
première période et ont commencé le remboursement des sommes
avancées par l'État : Il ne reste donc plus que l'Ouest dont la
situation soit moins favorable et pour qui il n'est pas encore

possible de préciser le moment où la garantie de l'État cessera de fonctionner. Il y a là un ensemble extrêmement rassurant et il était impossible d'admettre pour l'industrie des chemins de fer l'épithète de *régisseur désintéressé de l'État*.

CHAPITRE II

La réforme.

§ 1er.

Dans le chapitre précédent, nous avons exposé les principes qui doivent présider à l'établissement des tarifs de chemins de fer et nous avons décrit le système adopté en France ; rappelons-le en quelques lignes. Les compagnies sont liées par un tarif *général* s'appliquant à toutes les marchandises voyageant sans conditions particulières ; mais, en outre, elles consentent au commerce des tarifs *spéciaux* qui se soldent tous par une réduction de prix ; cette réduction n'est obtenue qu'en échange de certaines dérogations aux prescriptions du cahier des charges. Ce qui caractérise ce système c'est son élasticité : il se prête aux mille combinaisons commerciales qui peuvent surgir ; il peut tenir compte des conditions diverses dépendant soit de la nature de la marchandise, soit du parcours qu'elle doit emprunter. Les compagnies ont l'initiative de ces tarifs spéciaux, et le gouvernement ne peut intervenir que par un droit de *veto* en refusant l'homologation du tarif préparé et proposé par la compagnie.

Ce système est, en ce moment, l'objet d'attaques très vives, et plusieurs notabilités parlementaires ont cru devoir se faire les organes de ces réclamations. On prétend qu'il est un obstacle au développement de notre industrie et qu'il est contraire au principe d'équité.

La *réforme* des tarifs préoccupe l'opinion publique, et une certaine école, très en faveur aujourd'hui, a pris pour devise un *large* abaissement des prix de transport.

Ce courant d'idées s'explique par les conditions nouvelles dans lesquelles se trouve l'industrie et par les transformations qu'elle a dû subir depuis quelques années.

Avant la création des chemins de fer, les transports à bon marché étaient rares et étaient l'apanage de quelques contrées privilégiées desservies par les rivières navigables ou par les canaux de navigation ; mais ces moyens économiques ne pouvaient s'étendre beaucoup et se ramifier dans tout le pays. Dès lors l'industrie était localisée ; on s'installait près des lieux où l'on trouvait les matières premières, on fabriquait tant bien que mal et on n'approvisionnait qu'une région restreinte autour de son usine. La caractéristique de cette époque, c'est le défaut de concurrence. La France était entourée d'une barrière artificielle qui s'appelait prohibition et qui est devenue ensuite protection ; mais il y avait dans le pays d'autres barrières bien plus puissantes, des barrières naturelles, par suite de l'impossibilité de déplacer les matières premières ou les produits. On était inféodé à sa région : la Guyenne à Bordeaux, la Gascogne à Toulouse, la Provence à Marseille, et dans chaque région existait un centre d'approvisionnement dont on était forcément tributaire. La création des chemins de fer a bouleversé ces conditions ; leur réseau, dont les mailles se rétrécissent de jour en jour, a pénétré partout. Par suite de l'abaissement des prix de transport, on fait venir de loin les matières premières et on expédie au loin les produits fabriqués. Une usine peut s'établir à peu près partout, et les esprits les plus justes ne peuvent se défendre quelquefois d'un certain étonnement en voyant s'élever et prospérer une industrie loin de toutes les matières premières, loin des lieux de consommation.

De là une concurrence très active, très ardente ; on se voit disputer le marché dont on était le maître jusqu'alors, et il faut par conséquent s'ingénier pour réduire ses prix de revient afin de pouvoir se défendre dans la lutte ; il faut aller chercher des consommateurs plus éloignés pour diminuer ses frais généraux. Les prix de transport jouent aujourd'hui un rôle capital dans l'industrie, et l'histoire des réclamations du commerce présente une singularité très remarquable : on demande bien des réductions de prix pour soi-même, mais on se plaint surtout des réductions accordées aux concurrents.

L'influence des prix de transport est si grande que certains économistes (si on peut leur donner ce nom) ont été jusqu'à déclarer que la fixation de ces prix doit être considérée comme un droit *régalien*. On les assimile aux droits de douane, et dans les discussions qui ont lieu en ce moment à la Chambre des députés (1), presque tous les orateurs ont prétendu que les tarifs des douanes seraient illusoires, si on ne les sanctionnait pas par la réglementation des tarifs de chemins de fer. Ce qui est bizarre, c'est qu'on ne parle jamais que des chemins de fer, et pourtant tous les autres moyens de transport devraient être également mis en cause, surtout les voies navigables ; mais, comme les transports sur canaux ou sur routes sont entre les mains de l'industrie libre, l'État n'a pas de moyen d'intervention auprès d'eux.

Considérer la fixation des tarifs comme un droit régalien, donner à l'État, à la communauté, le droit de régler les prix de transport, est certes une des formes les plus curieuses et les plus nouvelles du communisme ; car il ne faut pas s'y tromper : les chemins de fer ne peuvent rester isolés dans cette réglementation à outrance, et tous les transports, par eau aussi bien que sur routes, devront passer à leur tour sur ce lit de Procuste.

On serait tenté de croire que nous nous battons contre des moulins et que nous prêtons à nos adversaires des doctrines absurdes pour nous donner à peu de frais le mérite de les réfuter. Nous affirmons qu'il n'en est rien ; nous avons entendu émettre ces idées par des hommes considérables, et si on lit attentivement quelques-uns des discours prononcés dans le parlement, on verra que, si l'on n'ose encore soutenir tout à fait cette thèse, il suffirait de quelques paroles d'encouragement pour en obtenir l'aveu.

Laissons de côté ces exagérations et venons-en à des théories moins absolues, mais non moins dangereuses.

§ 2.

Dans l'organisation actuelle des chemins de fer, les tarifs spéciaux jouent un rôle prépondérant ; ils représentent environ 80

---

(1) Nous rappelons que ces lignes ont été écrites au commencement de l'année 1880.

pour 100 du tonnage et 70 pour 100 des recettes ; le reproche qu'on leur fait le plus fréquemment, c'est l'arbitraire avec lequel ils sont consentis par les compagnies. Il est inadmissible, dit-on, que, sans autre règle que leur bon plaisir, les compagnies puissent favoriser telle branche d'industrie ou telle région. Nous n'avons pas besoin d'affirmer de nouveau que ce bon plaisir n'existe pas, et que l'étude des tarifs spéciaux est régie par des règles parfaitement fixes, nous croyons l'avoir suffisamment démontré ; mais cette vérité est méconnue, et on demande formellement que les tarifs spéciaux soient supprimés, que les compagnies adoptent une taxe unique, kilométrique, que la même marchandise paie la même somme pour faire le même nombre de kilomètres, quelle que soit la région où elle se meut. Il est à peine nécessaire de faire remarquer que cette égalité est chimérique : après que vous l'aurez décrétée pour les transports en chemins de fer, vous n'en aurez pas moins des régions desservies par les voies navigables ou par le cabotage, régions dans lesquelles les transports seront plus économiques. Pour toute la vallée de la Seine, les transports industriels valent environ 0,02 par tonne et par kilomètre, grâce à la navigation. Pour les régions montagneuses du Cantal, les transports se font par essieux sur des routes escarpées où la tonne kilométrique coûte plus de 0 fr. 50. Mais direz-vous, c'est la nature qui le veut ainsi ? Erreur profonde, vous rectifiez tous les jours la nature. Que faites-vous en améliorant le tirant d'eau de la Seine, sinon diminuer encore ses prix de transport déjà si avantageux ? Que faites-vous en créant à chers deniers des chemins de fer dans le plateau central, sinon favoriser la zone que vous traversez ? Encore une fois, votre égalité est chimérique et malgré tous vos systèmes, vous ne l'obtiendrez pas.

Néanmoins, pour les esprits superficiels, nous convenons que ce système est séduisant ; il est appliqué aux chemins de fer de l'État belge ; il est appliqué aux chemins de l'Alsace-Lorraine, et le chancelier de l'empire allemand cherche à l'introduire dans l'exploitation des chemins de fer de l'Union allemande. Il est donc utile de connaître le fonctionnement de ce système : prenons pour exemple celui d'Alsace-Lorraine.

Le principe est l'uniformité de la taxe et la suppression de tous les tarifs spéciaux. La taxe kilométrique décroît à mesure que la distance augmente. Les expéditions sont divisées en un petit nombre de catégories.

Il y en a une première très générale, c'est celle des *expéditions partielles*, ne remplissant pas un wagon. Toute marchandise qui ne pèse pas 5,000 kilogrammes est taxée de la même manière, quelle qu'en soit la nature : 1,000 kilogrammes de soieries ou de chocolat paient la même taxe que 1,000 kilogrammes d'engrais, de charbon de terre ou de pierre à bâtir. La taxe est de 0 fr. 17 par tonne et par kilomètre pour une distance de 100 kilomètres et de 0 fr. 13 pour une distance de 400 kilomètres.

Pour les marchandises voyageant par wagon complet, il y a deux catégories : les marchandises en général et certaines marchandises dénommées jouissant de tarifs réduits : appelons les premières marchandises hors classe et les secondes marchandises classées.

Pour les marchandises hors classe, il y a deux taxes suivant que le chargement est de 5 tonnes ou de 10 tonnes. Dans le second cas, la taxe est réduite d'un quart. Pour les chargements de 5 tonnes, elle varie entre 0 fr. 11 1/2 et 0 fr. 09 suivant la distance. Pour les chargements de 10 tonnes, elle varie entre 0 fr. 08 1/2 et 0 fr. 07.

Les marchandises classées sont dénommées au nombre de 247 et divisées en classes. Expédiées par chargement de 5 tonnes, elles bénéficient de la taxe afférente aux marchandises hors classe expédiées par 10 tonnes. Expédiées par chargements complets de 10 tonnes, elles paient des prix variant suivant la classe et la distance depuis 0 fr. 07 pour la première classe parcourant 100 kilomètres jusqu'à 0 fr. 03 1/2 pour la troisième classe parcourant 400 kilomètres.

Les expéditions partielles et les marchandises hors classe sont transportées en wagons fermés ; les marchandises classées le sont en wagons découverts, les expéditeurs ayant la faculté de les couvrir avec des bâches à eux appartenant et que le chemin de fer rapatrie gratuitement. La compagnie ne charge et ne décharge que les expéditions partielles, toutes les autres sont chargées et déchargées par le commerce.

Il n'y a aucun tarif spécial en dehors de ces tarifs généraux.

Résumons en quelques lignes toute cette tarification pour mieux en faire saisir l'ensemble et indiquons à chaque article les taxes pour les parcours de 100 et de 400 kilomètres.

Expéditions partielles de 0 fr. 17 à 0 fr. 135.
Marchandises hors classe par wagon complet de 5 tonnes, de 0 fr. 115 à 0 fr. 09;
Marchandises hors classe par wagon complet de 10 tonnes ou marchandises classées par wagon complet de 5 tonnes, de 0 fr. 085 à 0 fr. 07;
Marchandises de première classe par wagon complet de 10 tonnes de 0 fr. 07 à 0 fr. 06;
Marchandises de deuxième classe par wagon complet de 10 tonnes, de 0 fr. 06 à 0 fr. 045 ;
Marchandises de troisième classe par wagon complet de 10 tonnes, de 0 fr. 05 à 0 fr. 035.

Cherchons à nous rendre compte des résultats produits par cette tarification. On peut se placer à deux points de vue, celui du transporteur et celui de l'expéditeur.

Le premier est volontiers laissé de côté aujourd'hui ; il est cependant impossible de le négliger complètement : si le transport représente un service rendu, il faut que le transporteur trouve un certain profit dans son industrie. Au point de vue de l'exploitation, les résultats sont déplorables : le revenu net est tombé à 12 pour 100 de la recette brute, tandis qu'avant l'annexion il était de 45 ; c'est-à-dire que, pour 100 francs de recette brute, les dépenses sont aujourd'hui de 88 francs au lieu de 55 francs. Le bénéfice net ne représente plus que 1 et 1/4 pour 100 du capital d'acquisition du réseau dans cette contrée si riche, le plus beau fleuron de la couronne de la Compagnie de l'Est.

C'est un véritable désastre.

Mais au moins le commerce y a-t-il gagné et doit-il se trouver satisfait du changement de régime ? Les apôtres du système allemand font valoir en sa faveur trois considérations principales : sa simplicité, son équité absolue, la réduction des taxes. Entrons dans le détail à ces trois points de vue.

1° *Simplicité*. — Nous avons montré que, dans sa conception générale, la tarification française reposait sur des principes simples; mais on objecte que, le nombre des tarifs spéciaux étant très considérable, le commerce ne peut s'y reconnaître et trouver ceux dont il a besoin. Cette plainte n'est pas sérieuse et n'a jamais été faite par un commerçant véritable. Qu'un théoricien, qu'un économiste, qu'un homme d'État veuille posséder tous les tarifs et y démêler les conditions diverses de l'industrie, il y aura pour lui une difficulté grande, nous en convenons ; il n'est donné qu'à un petit nombre de spécialistes de posséder cette question : mais qu'on veuille bien observer que cette science n'est autre que celle de l'industrie elle-même dans toute la France, et il est dès lors tout naturel qu'elle soit ardue et laborieuse.

Dans la pratique, les choses ne se passent pas ainsi. Pour chaque industriel, l'étude des tarifs est circonscrite à un petit nombre de matières et souvent à un certain rayon géographique. Qu'importe à un raffineur de sucre le tarif de la pierre à bâtir ou du ciment ? Qu'importe à une verrerie le tarif du sucre ou du minerai de fer ? L'industriel a besoin de connaître les frais de transport des quatre ou cinq matières premières qu'il emploie et ceux du produit qu'il fabrique. En une heure, il peut établir tous ces prix, et s'il survient quelque complication, il y a un moyen bien simple de la lever, c'est de s'adresser à l'agent local de la compagnie, qui lui indique tout de suite les tarifs dont il peut user et les prix qui en résultent; il est sûr de rencontrer le plus grand empressement pour l'éclairer, car si la compagnie a rédigé un tarif spécial, c'est qu'elle a le désir de l'appliquer. Il n'y a donc là aucune complication pratique ; la difficulté n'est pas pour le commerce, elle est pour le personnel de la compagnie, mais je ne crois pas que cette difficulté attendrisse beaucoup le public, et par suite, il n'y a pas à s'y arrêter. Le Livret-Chaix, qui renferme la collection des tarifs, est un énorme volume, mais ce n'est qu'un dictionnaire. Pour l'industrie, la complication actuelle n'est donc qu'apparente et la simplification allemande n'a qu'un médiocre intérêt.

2° *Équité*. — Nous avons fait ressortir l'importance des frais de transport pour l'industrie telle qu'elle est constituée aujourd'hui, et il est bien certain que les compagnies en concédant un tarif réduit dans une direction et en le refusant dans une autre peuvent exercer une influence sérieuse sur le développement d'une usine. Le système allemand, la taxe unique, la suppression des tarifs spéciaux, fait disparaître ces causes d'inégalité de traitement; il semble donc plus équitable et il n'y a plus dès lors d'antagonisme entre les compagnies et l'industrie. Cet argument est spécieux, mais il ne résiste pas à un examen approfondi.

Il ne s'agit pas en effet de prendre un pays vierge, d'y créer et d'y répartir l'industrie de toutes pièces et, pour cela, d'établir une tarification calculée dans cette intention. Il y une situation commerciale qui existe, bonne ou mauvaise, rationnelle ou non : prenons-la telle qu'elle est aujourd'hui. Quelle influence peut avoir la modification d'un tarif ? Remarquons d'abord et avant tout que les tarifs actuels ne seront pas relevés ; il est sans exemple qu'ils l'aient été, et nous le répétons, nous faisons de la pratique et non de la théorie. Nous ne nous exposons pas à être désavoués en disant que les compagnies consentiraient à voir inscrire dans leurs cahiers de charges cette interdiction de relever les tarifs.

Considérons un centre industriel desservi par un chemin de fer. La seule modification que la compagnie fera subir à ses tarifs sera un abaissement. Mais cet abaissement ne pourra aggraver la situation du groupe, il ne pourra pas modifier d'une manière défavorable ses prix de revient, il ne pourra que réduire le prix de ses matières premières et étendre son marché de vente ; il ne semble donc pas qu'il puisse y avoir lieu à réclamation : *mais*... ces réductions de taxes peuvent avoir pour résultat de favoriser un concurrent et surtout elles peuvent lui ouvrir ce marché que vous considérez comme votre apanage, comme votre patrimoine. De là les grandes colères, les anathèmes.

Par les barrières douanières, vous avez fermé la France, vous voudriez encore multiplier ces barrières dans l'intérieur du pays et rétablir les anciennes divisions territoriales des siècles précédents. On parle de l'oligarchie des chemins de fer, mais ne serait-ce pas plutôt l'oligarchie industrielle qui est en cause, oligarchie que les tarifs réduits viennent déranger dans sa tranquillité et son indolence? Du consommateur personne ne parle. Disons donc le mot : sous prétexte d'équité, la taxe unique n'est que la protection déguisée.

Si le concurrent est un étranger, la réduction de taxe est un crime de lèse-nation. Abordons franchement la difficulté et choisissons un exemple qui a eu le privilège de soulever dans le parlement un *tolle* général.

« La Compagnie du Nord transporte à Paris pour le même prix, 7 fr. 40, la tonne de houille anglaise qui vient de Dunkerque (304 kilomètres), la tonne de houille belge qui vient de Quiévrain (262 kilomètres) et la tonne de houille indigène qui vient de Lens (210 kilomètres). Vous voyez qu'on donne environ 90 kilomètres d'avance à la houille anglaise et 52 kilomètres à la houille belge ».

Et des interruptions s'élèvent de tous côtés : — Mais ce n'est pas possible ! Ce sont des tarifs anti-français !...

Nous avions cru jusqu'à présent être assez bon patriote, et pourtant ces *énormités* ne nous choquent pas. Cela vient peut-être de ce que nous sommes désintéressés dans la question, peut-être aussi de ce que nous l'avons étudiée. Il est aisé de la faire comprendre.

Parlons d'abord des houilles belges. Quiévrain n'est qu'un point de passage, c'est le bureau de douane; ce qui est intéressant, c'est Mons, bassin houiller qui approvisionne Paris en concurrence avec les houilles françaises. Ces houilles viennent à Paris, soit par bateau, soit par chemin de fer; or, par bateau, il n'y a pas plus loin de Mons à Paris que de Lens à Paris et, par conséquent, en faisant payer le même prix, la Compagnie du Nord n'a pas aggravé la situation des mines de Lens, d'autant plus qu'aux 7 fr. 40, prélevés par le réseau français, il faut encore ajouter le prix de transport sur les rails belges. La Compagnie du Nord ne devait pas s'attendre à ce qu'on lui reprochât ce tarif. Il faut donc rayer les malédictions relatives aux houilles belges.

Passons aux houilles anglaises. Les charbons anglais à destination de Paris arrivent en France dans l'un des ports de la Manche compris entre Le Havre et Dunkerque : le grand courant est par Le Havre : les navires rompent charge au Havre ou à Rouen et transbordent leur chargement sur des chalands qui remontent la Seine. Ce procédé, étant le plus économique, est le régulateur de la valeur du transport. Si Dunkerque veut prendre sa part dans ce grand mouvement, il faut que le chemin de fer du Nord consente des tarifs extrêmement réduits de Dunkerque à Paris : . c'est ce qu'il fai. ; mais la houillère de Lens n'a pas à s'en plaindre, car le tarif de 7 fr. 40, de Dunkerque à Paris, n'a pas pour résultat d'introduire une tonne de houille anglaise de plus, il fait seulement passer par Dunkerque et les rails du Nord ce qui passerait par Le Havre et la Seine. Le grief contre les houilles anglaises n'est donc pas plus fondé que le grief contre les houilles belges.

Et il en est toujours ainsi quand on regarde de près.

Mais nous allons plus loin. Laissons de côté la concurrence de la Seine. Admettons pour un moment que les houilles anglaises ne puissent entrer que par Dunkerque. Pourquoi reprocherait-on à la Compagnie du Nord de leur faciliter l'accès de notre territoire? En prélevant le même prix de Lens ou de Dunkerque, quel tort fait-elle au bassin français? Est-ce qu'elle augmente son prix de revient? Non, sans doute. Mais elle amène sur la place un concurrent nouveau et elle lui permet de vous-disputer ce marché parisien qui vous tient à cœur, que vous considérez comme votre lige, taillable et corvéable à merci ; elle trouble votre quiétude, elle vous oblige à lutter, à abaisser vos prix de vente ; mais que demain tous les tarifs de transport de la houille anglaise soient relevés de 2 francs, nous vous verrons immédiatement relever de la même somme vos prix sur le marché de Paris. Il serait peut-être opportun de consulter aussi l'industrie parisienne et de savoir si elle considère cette concurrence comme regrettable. Le ministre des travaux publics est singulièrement imprudent en étudiant les moyens de porter à 3 mètres le tirant d'eau de la Seine entre Rouen et Paris. Le jour où cette amélioration sera accomplie, le transbordement de Rouen sera supprimé, vous aurez des navires allant, sans rompre charge, de Cardiff à Paris, et le prix de revient sera réduit de plus de 2 francs pour les houilles anglaises. Gardez-vous de voter les fonds pour ce travail que la vallée de la Seine réclame cependant avec tant d'instance.

Répétons-le une dernière fois : la taxe unique est un instrument de protection et, sous une apparence d'équité, il n'y a pas de système plus inique.

3° Réduction des taxes. — Mais au moins ce système a-t-il l'avantage de donner lieu à des taxes plus faibles, car c'est là ce qui touche le plus le commerce et c'est le prétexte qu'on met en avant pour réformer l'organisation actuelle.

Si nous examinons la tarification des chemins de fer d'Alsace-Lorraine et si nous la comparons avec la tarification des chemins de fer de l'Est, nous arrivons à un résultat tout à fait inattendu. Les tarifs sont plus élevés en Alsace qu'en France. Le caractère de cette étude ne nous permet pas de faire une comparaison minutieuse, mais on peut se former un jugement en prenant les deux points extrêmes de la tarification. Les expéditions partielles à 100 kilomètres coûtent en Alsace-Lorraine 0 fr. 17 par tonne et par kilomètre, et les produits de troisième classe, transportés à 400 kilomètres, sont taxés 0 fr. 03 1/2. Si nous prenons le tarif du cahier des charges pour les chemins de fer de l'Est, nous trouvons que la première classe est taxée 0 fr. 16 et la quatrième 0 fr. 04. Or nous avons expliqué que le tarif du cahier des charges est un maximum au-dessous duquel les compagnies se tiennent toujours, et si on faisait intervenir dans le calcul les tarifs spéciaux, les écarts deviendraient très grands.

Le commerce alsacien n'a donc pas à se louer du changement de système; cette conséquence était, du reste, facile à prévoir. Si on ne veut pas entrer dans le détail des parcours spéciaux et des marchandises spéciales, si on reste dans les généralités, on est amené à maintenir des tarifs élevés, parce que le moindre abaissement a des conséquences trop graves. Avec le système français, ces conséquences sont limitées : le jour où la compagnie consent une réduction de tarif pour les minerais de fer allant de Bourges à Montluçon, elle sait où elle va; elle connaît approximativement le tonnage auquel s'appliquera la réduction. Mais si cette réduction s'étend à toute une classe de marchandises, sur n'importe quel parcours, elle craint d'être débordée et elle n'abaisse pas son tarif.

Ces hésitations se sont révélées dans les chemins d'Alsace euxmêmes. Immédiatement après l'annexion, on avait établi des tarifs extrêmement bas; c'était un don de joyeux avènement, mais cela ne pouvait durer, et, à deux reprises différentes, on a déjà relevé les tarifs; l'augmentation totale a été de 30 à 40 pour 100.

On a encore introduit une autre modification dans le système primitivement adopté en 1871. Il n'y avait dans le principe que deux catégories : les marchandises hors classe et une classe unique de marchandises classées. Aujourd'hui, il y a trois classes de marchandises classées. On se rapproche ainsi peu à peu du système français. Remarquons, en effet, qu'un tarif spécial se préoccupe de deux choses : la nature de la marchandise et son parcours. Or, en Alsace, il n'y a pas à tenir compte du parcours, puisque le réseau est très court et n'a guère qu'une seule direction magistrale, Mulhouse à Metz ; il ne reste donc que la nature de la marchandise. Pour peu qu'on continue à suivre la même marche et qu'on crée de nouvelles classes, on arrivera à un système ressemblant singulièrement à celui de nos compagnies.

L'expérience faite en Alsace n'a donc pas réussi, et pourtant il est difficile de trouver des conditions plus favorables pour l'essayer. Le réseau est restreint, il est homogène, il ne communique avec les chemins de fer étrangers que par un petit nombre de points; la densité de la population y est à peu près uniforme, et le trafic y est très développé ; en outre, il n'y a pas d'actionnaires pour se plaindre de la maigreur des dividendes, et on n'est même gêné par aucune représentation locale. Certes, si l'expérience

avait réussi, nous aurions le droit de la récuser et de contester
son application à un des réseaux français, où les distances sont
plus que doubles et qui traversent les régions les plus variées
comme population, comme climat et comme industrie.

§ 3.

Puisque le système de la taxe unique ne donne pas satisfaction
aux réclamations de l'industrie, il faut chercher ailleurs le moyen
de donner les abaissements de tarifs. Mais il serait bien nécessaire d'abord de se rendre un compte exact de ces réclamations.

Nous avons déjà expliqué que l'expéditeur, en déplaçant sa marchandise, se proposait un certain bénéfice et que le prix du transport est prélevé sur ce bénéfice. Il est donc clair que cet expéditeur désire payer son transport le moins cher possible : cela
est évident ; mais ce n'est pas ainsi que la question doit être
posée. Ce qu'il faut voir, c'est si la marge des bénéfices procurés
par le transport est assez large pour permettre de supporter le
tarif. Le commerce est arrivé aujourd'hui à un certain état d'é-
quilibre : certaines marchandises se déplacent, et, par suite,
pour celles-là la taxe n'est pas trop lourde ; on ne voit donc pas
la nécessité du dégrèvement; mais il en est d'autres qui sont
immobilisées aujourd'hui ou tout au moins qui ne peuvent pas
dépasser un certain rayon : c'est de celles-là qu'il faut se préoccuper ; c'est pour elles qu'il faut créer de nouveaux tarifs très
réduits. Alléger les prix de transport du trafic actuel; c'est prcn-
dre dans la bourse de la communauté pour subventionner le
commerce : tel ne peut être le but; mais créer de nouveaux
transports, c'est créer à la fois des bénéfices pour le commerce
et l'industrie.

Un exemple nous fera comprendre. Les cotrets de sapin sont
très employés par la boulangerie parisienne, qui est un débouché
important pour ce produit. Considérons trois centres de production, les sapinières de la Sologne, celles du Limousin, celles des
Landes, et prenons pour centres de ces exploitations La Motte-
Beuvron, Limoges et Morcenx; les distances de Paris sont 157 kilomètres, 400 kilomètres et 795 kilomètres. Si on applique les
tarifs généraux, on trouvera pour prix des transports 15 fr. 30,

39 fr. 50 et 58 fr. 40. Mais les compagnies ont consenti à cette marchandise des tarifs spéciaux et appliquent les prix de 9 francs pour la Sologne, 16 francs pour le Limousin, 22 fr. 50 pour les Landes, soit des prix kilométriques de 0 fr. 057, 0 fr. 04 et 0 fr. 028. Si on veut abaisser les prix des cotrets, comment opérera-t-on ?

L'expérience révèle ce résultat tout à fait inattendu. Il se fait beaucoup d'expéditions de la Sologne, un peu des Landes, pas du tout du Limousin. Que va-t-on faire? Si on prend pour base le prix de revient du transport, il est clair qu'il vaut mieux réduire un tarif de 0 fr. 06 qu'un tarif de 0 fr. 04 ; mais les cotrets de Sologne peuvent supporter le prix de 9 francs et arriver dans de bonnes conditions sur le marché parisien ; réduire leur tarif, c'est donc faire un cadeau purement gracieux aux exploitants des sapinières de Sologne ; leurs expéditions n'augmenteront pas d'une tonne. D'autre part, les partisans de la taxe unique, décroissant avec la distance, resteront dans le *statu quo*, c'est l'application de leur formule. Que fera une compagnie intelligente ? Elle se résignora à ce fait brutal, contre lequel il n'y a pas à réagir, c'est que les conditions de culture des Landes sont plus favorables que celles du Limousin : la terre y est moins chère, la main-d'œuvre aussi, les transports par essieux plus faciles pour accéder aux gares. Les cotrets du Limousin ne peuvent entrer dans la consommation parisienne que si leur transport ne coûte que 10 francs. La compagnie abaissera son tarif à 10 francs, ce qui fera ressortir la tonne kilométrique à 0 fr. 025, c'est-à-dire meilleur marché que pour les Landes. Qui sera dans le vrai ? Et cet exemple ne montre-t-il pas clairement que, dans l'abaissement des tarifs, il faut se préoccuper non des moyennes, mais des espèces, qu'il faut se garder des formules et étudier chaque affaire individuellement? En consentant l'abaissement dont nous venons de parler, la compagnie aura créé des transports, mais elle aura *bouleversé les conditions naturelles résultant de la géographie*..... Que ce péché lui soit pardonné !

Quand on veut comparer les conditions des transports dans les divers pays, on opère par moyenne ; on divise la recette brute par le tonnage total et on a la taxe moyenne. C'est ainsi qu'on peut dire que la taxe moyenne en France est de 0 fr. 06, tandis qu'elle est supérieure dans les autres pays voisins, sauf la Belgique. Prendre ainsi une moyenne est bien pour juger une situation, mais quand on arrive à la tarification, ce procédé mène à l'absurde. Une brochure allemande, qui a fait un certain bruit, a paru l'année dernière : son but est de préconiser le système alsacien et d'en demander l'application à tout l'empire allemand; on y fait ressortir tous les avantages de la taxe unique, et nous y trouvons notamment cette phrase caractéristique : « Il est clairement démontré qu'un tarif unitaire établi d'après la moyenne des taxes des tarifs des chemins de fer ne produirait en général pas de changement sensible dans les prix de transport. Dans quelques cas, l'expéditeur aurait à payer un peu plus, et dans d'autres cas un peu moins. » Mais ce n'est pas le même expéditeur !... Le maître de forges ne se sert que de tarifs très réduits : combustible, minerai, castine, fonte, fer. L'agriculteur ne se sert que de tarifs très réduits, engrais, chaux, céréales. La soierie, au contraire, ne se sert que de tarifs élevés. Comment ferez-vous une moyenne? Qu'importe que la tonne de chocolat, qui vaut 4,000 francs, ou la tonne de soieries, qui en vaut peut-être 50,000, paient quelques centimes de plus ou de moins? Mais ce qui importe, c'est que les engrais puissent parcourir 700 kilomètres pour 21 francs, soit à raison de 0, fr. 03 par tonne et par kilomètre; ce qui importe, c'est que les fers du bassin de l'Aveyron puissent soutenir concurrence avec les fers anglais jusqu'en Bretagne en parcourant plus de 1,000 kilomètres pour 31 francs; ce qui importe, c'est que les chaux de la Mayenne aillent fertiliser le sol granitique jusqu'au fond de la péninsule armoricaine, à raison de 0 fr. 02 1/2 par tonne et par kilomètre. Voilà ce qui doit préoccuper l'économiste, l'homme d'État, et il ne pourra jamais arriver à ce résultat que par la spécialisation des tarifs.

C'est grâce aux tarifs spéciaux que nos chemins de fer ont pu soutenir nos ports du Nord contre la concurrence d'Anvers. On est si ignorant de la géographie en France qu'on trouve très étonnant que notre région industrielle de l'Est ne fasse pas venir ses cotons par le Havre; tout ce qui est hors de notre territoire nous est inconnu. Mais Anvers est un marché bien autrement important que le Havre, et par suite les matières premières y sont à plus bas prix. En outre, Anvers est beaucoup plus rapproché que le Havre de nos usines de l'Est; la différence en faveur d'Anvers est de 240 kilomètres pour Nancy, de 150 kilomètres pour Belfort, de

170 kilomètres pour Mulhouse. Le Havre ne devrait donc pas nourrir l'espoir de servir d'approvisionnement pour les cotons que consomme l'industrie de l'Est. C'est grâce aux tarifs spéciaux que le Havre peut fournir une partie de ce trafic. Déjà la clause des stations non dénommées est un obstacle sérieux à l'extension de ces tarifs spéciaux : que sera-ce lorsque nous aurons la taxe unique dont on nous menace ?

Il faut le répéter encore, toutes ces erreurs n'ont qu'une cause : le point de départ est faux. Un transport est une partie intégrante de toute opération commerciale, il doit donc être régi par une seule et unique loi : l'offre et la demande ; il a une *valeur* propre, et si le tarif ne représente pas cette valeur, il n'y a plus de base. Une même marchandise a des valeurs différentes suivant les points de la France : le kilogramme de beurre vaut 2 francs en Bretagne, 4 francs en Provence, 6 francs à Paris ; il en est de même d'un transport, et vouloir imposer une taxe unique, c'est renouveler les erreurs funestes du *maximum*.

Espérons qu'on ne persévérera pas dans cet ordre d'idées et qu'on reviendra aux vrais principes. Nous croyons que l'organisation actuelle est excellente : un tarif général s'appliquant à tous les cas et des tarifs spéciaux discutés entre le transporteur et l'expéditeur pour les cas particuliers. Que dans cette discussion il y ait des plaintes, il y ait des désaccords, il est impossible qu'il en soit autrement. Qu'il y ait même des fautes commises par les compagnies, cela n'est pas douteux, c'est le sort de toute institution humaine. Cependant, depuis bien des années, nous suivons la polémique qui est soulevée en matière de tarifs ; toutes les fois que nous avons rencontré une objection, un reproche, nous l'avons étudié ; nous avons toujours trouvé une bonne raison. Mais le propre de l'organisation actuelle, c'est précisément son élasticité, c'est la faculté qu'elle présente de corriger une anomalie, une erreur, une faute, sans compromettre l'ensemble du système. Nous croyons donc qu'il n'y a qu'à persévérer dans cette voie.

§ 4.

Est-ce à dire qu'il n'y a rien à faire? Ici, il faut s'entendre.

Si l'industrie des transports est une industrie véritable, si l'expéditeur doit payer intégralement le service rendu en laissant au transporteur un bénéfice raisonnable, si cette industrie doit apporter, comme toutes les autres, son obole au budget, non, il n'y a rien à faire. L'État ne peut avoir le droit d'intervenir dans la tarification ; aucun industriel ne peut consentir à laisser l'État fixer ses prix de vente, cela est évident. D'autre part, les prix perçus aujourd'hui ne sont pas excessifs. Plus faibles que dans tous les pays voisins, ces prix ne donnent pas une rémunération déraisonnable aux capitaux engagés. La compagnie du Nord donne 64 francs de dividende à ses actions, celle de Lyon donne 52 francs. Si l'on se reporte aux incertitudes que présentait l'avenir lors de la constitution de la Société, ces revenus n'ont rien d'exagéré.

Mais si l'État, si la communauté veut subventionner le commerce en le dégrevant d'une partie de ses frais de transport, il n'en est plus de même. Nous croyons cette doctrine funeste, contraire à tous les principes économiques ; ce mode de subvention nous paraît profondément regrettable ; comme le dit une brochure récente, c'est entrer dans la voie tracée en 1848, elle nous conduit tout droit à fournir gratuitement à l'industrie ses instruments de travail. C'est pourtant le seul moyen d'obtenir ce *large* abaissement des frais de transport qu'il est de mode de vanter aujourd'hui, et puisqu'il est impossible, *dit-on*, d'arrêter ce courant, il peut être utile de chercher comment on pourrait au moins l'endiguer.

Le public se figure que les chemins de fer coûtent très cher à l'État, et on reproche constamment aux compagnies la garantie d'intérêt qui leur est versée annuellement. Nous avons expliqué que cette garantie n'était qu'un prêt remboursable, hypothéqué, à gros intérêt, et que par suite il n'y avait là qu'un placement pur et simple fait par le Trésor. Mais ce qu'on ignore, c'est qu'au contraire les chemins de fer sont une ressource et une ressource très importante pour l'impôt. Les recettes directes perçues par l'État sur le réseau français se sont élevées en 1878 à 158 mil-

lions et, en outre, les compagnies ont rendu à l'État des services
gratuits ou insuffisamment payés qui s'élèvent à 72 millions. D'un
trait de plume, il est facile de supprimer ces impôts qui grèvent
les transports. Pour la grande vitesse, les impôts représentent
plus de 20 pour 100 de la perception et ils sont très inégalement
répartis. Il semble qu'avant de se lancer dans une opération aussi
délicate que d'intervenir dans les relations commerciales, il serait
sage de donner cette première et importante satisfaction au commerce.

Si elle est insuffisante, il n'est pas impossible de lui en donner
une autre. Quand l'État construit des routes, il les livre gratuitement au public et même il se charge de leur entretien. On vient
de supprimer les droits de navigation sur les rivières et canaux;
on peut faire quelque chose d'analogue pour les chemins de fer.

Nous avons expliqué que toute perception devait être divisée
en deux parts : le péage et le transport, et que le péage représen-
tait l'intérêt et l'amortissement du capital de premier établissement. L'État peut se charger de cette partie de la dépense : il
fera ainsi moins pour les chemins de fer que pour les autres
voies de communication, puisque les compagnies conserveront la
charge de l'entretien. Le capital de premier établissement des six
grandes compagnies est de 7 milliards 1/2 environ. En calculant
l'intérêt et l'amortissement à 5.75 pour 100, ce serait donc une
somme de 431 millions à verser annuellement pour mettre les
chemins de fer sous le même régime que les routes et les canaux.

On voit donc qu'il serait facile, sans bouleverser les conditions
économiques de l'industrie des transports, de faire bénéficier le
commerce de réductions importantes. Si on supprime les impôts
de 158 millions et le péage de 431 millions on arrive à un total
de 589 millions. Or la recette totale des six grandes compagnies
a été, en 1878, de 874 millions. Les impôts représentent donc 18
pour 100 et le péage 49 pour 100 des recettes.

Jamais le commerce n'a rêvé une pareille fortune. Et qu'on
remarque bien qu'il ne s'agit pas ici d'une utopie, mais bien
d'une réalité très sérieuse. Le jour où expireront les concessions
actuelles, les chemins de fer seront remis à l'État, dégrevés de
toute charge de premier établissement. Si donc le gouvernement
ne veut pas faire des chemins de fer un instrument d'impôts,
une matière imposable, une source de revenu, il *devra* supprimer

le péage, c'est-à-dire réduire les tarifs de moitié. En présence de cette certitude, ce n'est pas le cas de racheter précipitamment les concessions et de faire payer au pays, à chers deniers, ce magnifique instrument qui doit lui revenir gratuitement dans quelques années ?

A chaque jour suffit son œuvre. L'État a jusqu'à ce jour aggravé les prix de transports par des impôts successifs. Il vient d'entrer dans la voie des dégrèvements en supprimant l'impôt de 5 pour 100 sur la petite vitesse ; si la situation économique du pays justifie un nouvel allègement, il lui est facile de le donner, doucement, sans secousse, d'abord par la suppression des impôts qui grèvent encore les transports de 20 pour 100, puis par l'allègement du péage qui représente la moitié des taxes. On restera ainsi dans le vrai, dans le juste, on n'exposera pas le pays à une crise qui peut prendre des proportions effrayantes.

C'est là la vraie réforme.

CHAPITRE III

La concurrence étrangère

Réponse au discours prononcé à la Chambre des Députés, le 16 février 1880,
par M. Aillain-Targé.

§ 1er.

Nous avons indiqué dans le chapitre précédent les conditions
dans lesquelles se trouvait l'industrie avant la création des chemins de fer et nous avons expliqué qu'à cette époque, la concurrence n'existant pas, chaque usine avait un centre restreint d'approvisionnement et de faibles débouchés : il est utile d'insister
davantage sur ce point et d'en montrer les conséquences.

Si la marche progressive de l'usine était ralentie, entravée même
par les difficultés que rencontrait son approvisionnement en matières premières, si elle était dans l'impossibilité d'élargir le cercle de ses relations pour arriver à l'écoulement de ses produits,
il y avait des compensations à cet état de choses : son marché
lui appartenait d'une manière indiscutable, et les usines similaires, situées à de trop grandes distances, ne pouvaient venir lui
faire concurrence et lui enlever ses clients. Cette dernière condition a eu une influence très fâcheuse, car notre industrie, n'ayant
point le stimulant si énergique que donne une concurrence active, s'est laissée aller à une sorte de somnolence qui a duré
toute la première moitié de ce siècle. Les droits protecteurs, pro-
hibitifs même, frappant les produits étrangers, aggravaient encore
la situation, en donnant aux industriels une sécurité qui, depuis
si longtemps, n'avait point été troublée.

La création des chemins de fer a bouleversé ces conditions économiques en réduisant, dans d'énormes proportions, les prix de

transport. Les usines, en s'approvisionnant à moindres frais de
leurs matières premières, ont pu abaisser les prix de revient
d'une manière notable. En même temps qu'elles agrandissaient
le cercle de leurs débouchés, elles pouvaient diminuer leurs frais
généraux et faire accepter leurs produits par des clients sur lesquels il leur était interdit de compter autrefois. Mais cette nouvelle situation, très avantageuse assurément à tous égards, n'était
point sans péril : la concurrence, mettant à profit les nouveaux
prix de transport, est venue disputer la clientèle sur le marché,
dont l'usine était maitresse jusqu'alors.

Tout n'a donc pas été bénéfice absolu dans la situation nouvelle, et on pourrait citer plus d'un établissement, en pleine prospérité il y a quarante ans, que les chemins de fer ont complètement ruiné. Il existe donc, il faut le reconnaître, une « force économique », si nous pouvons nous exprimer ainsi, contre laquelle
on ne saurait lutter avantageusement.

Parallèlement au développement des voies ferrées, avec toutes
ses conséquences, les traités de commerce de 1860 intervenaient,
entr'ouvrant les portes de la France, fermées jusqu'alors aux produits étrangers. Ces deux faits, qui sont d'une importance capitale, ont été concordants; et le second, nous allons l'indiquer,
est la conséquence logique du premier.

Avant l'exploitation du réseau des chemins de fer, l'industrie
avait créé des usines sur toute la surface de la France, d'une manière à peu près uniforme. En interdisant l'entrée des produits
étrangers, on ne favorisait donc pas une région plutôt qu'une
autre; pour l'industrie métallurgique, par exemple, la carte si-
gnalait des usines prospères dans tous les départements; et, si
les consommateurs payaient un peu plus cher, la prospérité des
usines, cause générale de bien-être et de richesse, était une com-
pensation notable à cette élévation de prix des produits fabriqués.
Mais, en 1860, il n'en était plus ainsi; 9,500 kilomètres de chemins de fer étaient livrés à la circulation; les usines établies
dans de mauvaises conditions et ne vivant que grâce à l'absence
de concurrents, disparaissaient rapidement, écrasées par l'intervention de celles favorisées par leur situation géographique.

Continuer à interdire l'entrée du territoire aux produits étrangers, c'était sacrifier les intérêts de tous les consommateurs, non
plus uniquement à ceux des producteurs, mais, en réalité, à une

véritable oligarchie industrielle. En outre, si on avait éprouvé quelques craintes en mettant aux prises nos forges françaises avec les grandes usines de l'Angleterre, pouvait-on hésiter encore en présence du monopole d'établissements français fondés avec d'immenses capitaux, perfectionnant sans cesse leur outillage pour le mettre à même de résister à la concurrence étrangère ?

Poser ainsi la question, c'était la résoudre.

Les traités de commerce de 1860 n'ont donc été que la conséquence de la situation nouvelle créée par les chemins de fer. Vouloir leur attribuer la disparition des petites usines, c'est méconnaître un fait d'expérience. La concurrence étrangère n'a pas été la cause de leur défaite ; elles ont succombé aux efforts de la concurrence française, conséquence inévitable du développement des chemins de fer.

Les nouvelles conditions économiques ont eu pour premier résultat le nivellement du prix de vente des objets fabriqués : ce résultat, en se généralisant de plus en plus, a pris une importance capitale ; mais il n'a pas été atteint sans imposer de grandes souffrances individuelles, qui se sont traduites par des plaintes nombreuses et très vives contre les Compagnies de chemins de fer, cause apparente de cette perturbation.

Il est incontestable que la situation générale de l'industrie et du commerce est infiniment meilleure aujourd'hui qu'elle ne l'était il y a cinquante ans, et que les chemins de fer ont singulièrement développé les échanges et, par suite, la production ; il n'était pas inutile d'indiquer que ce résultat n'a pu être obtenu sans causer quelques ruines : ce qui explique ces réclamations incessantes qui, depuis quelques années, ont un grand retentissement et tendent à soulever l'opinion publique contre les Compagnies.

Tout le monde réclame... mais n'est-il pas de l'essence de la nature humaine de sentir plus vivement les inconvénients dont on souffre que les avantages dont on jouit? Les commerçants n'ont jamais passé pour faire exception à cette règle générale, bien au contraire. Ils ont oublié le temps où ils étaient grevés des onéreux transports sur routes et ne songent plus qu'à améliorer leur situation *présente ;* pour cela, il faut réduire les tarifs *actuels* dont ils se servent; il faut, *surtout,* relever les tarifs dont jouissent les concurrents: ce dernier genre de plainte est même le plus fréquent. Il y a entre l'industrie et les Compagnies la lutte qu'on rencontre, dans toute transaction commerciale, entre l'acheteur et le vendeur : le premier trouve toujours qu'il paye trop cher, le second qu'il vend trop bon marché, et si, par impossible, un industriel se trouve suffisamment bien traité, il se gardera bien de le dire et d'étaler sa satisfaction au grand jour, de peur d'éveiller l'attention d'un concurrent.

On peut se demander comment, en présence de plaintes aussi vives, d'attaques si nombreuses et si caractérisées, les Compagnies de chemins de fer semblent renoncer à se défendre.

La réponse à cette question est très simple : la grande inégalité des forces, dans la lutte à entreprendre, est la cause principale de l'attitude prise par les Compagnies. En effet, elles sont seules en présence d'une innombrable clientèle représentant presque toutes les branches de la production nationale. Les hommes qui dirigent les Compagnies, absorbés par les soins à donner aux immenses intérêts qui leur sont confiés, ne font pas de polémique. Hommes d'affaires avant tout, ils s'en remettent à la vérité d'abord, au temps ensuite, pour faire justice des fausses doctrines et des exagérations. En outre, dans les assemblées où se produisent les réclamations, telles que le Parlement, les Chambres de commerce, les Compagnies ne sont pas représentées ; ceux qui sentent la justice de leur cause sont placés dans une situation difficile. L'industriel qui croit avoir à se plaindre connaît sa fabrication dans tous ses détails : il possède non seulement les tarifs dont il se sert, mais encore ceux qu'utilise son concurrent; il sait grouper habilement les chiffres (souvent même il ne les présente pas avec toute l'équité nécessaire). S'il est bien rare de rencontrer dans une assemblée délibérante une de ces intelligences d'élite assez puissante pour s'assimiler utilement les faits principaux de l'histoire de l'industrie française, combien n'est-il pas plus difficile encore de trouver un de ces esprits toujours prêts à répondre aux objections et connaissant tous les tarifs. Il faut examiner les réclamations, se rendre compte de leur valeur, contrôler les chiffres, etc. Un semblable travail demande trop de temps pour que l'attaque soit immédiatement parée...; il arrive alors que des réponses très catégoriques aux allégations les plus erronées perdent beaucoup de leur intérêt.

C'est un usage parlementaire excellent que de ne jamais poser une question à un ministre sans l'avoir prévenu ; au barreau, les avocats se communiquent leurs dossiers avant l'audience : la réponse peut dès lors être méditée et elle a toute sa valeur. Il n'en est pas de même pour les attaques qu'on dirige contre les Compagnies ; elles n'ont pas de représentant spécial, ayant la mission de les défendre. Le ministre qui a homologué les tarifs pourrait peut-être prendre ce rôle, mais il ignore, en entrant en séance, quels sont les chiffres qu'on va citer : il ne sait même pas si les Compagnies de chemins de fer seront mises en cause. On s'explique alors comment on peut laisser sans réplique un discours dans lequel sont accumulés à la fois des griefs contre les transports de la houille, des minerais de fer, du plomb, des fontes, des fers, des vins, des blés, des bœufs et des moutons... C'est ce qui a eu lieu après le discours prononcé, le 16 février 1880, par M. Allain-Targé à la Chambre des députés.

Mais du silence qui a suivi ce réquisitoire, on aurait grand tort de conclure que les accusations qu'il renferme contre les grandes Compagnies de chemins de fer ont un fondement sérieux. Nous espérons bien le prouver, et, pour arriver à ce résultat, nous avons tenu à relire très attentivement ce discours et à l'étudier avec soin. Nous n'y avons pas rencontré une seule assertion qui ne pût être combattue victorieusement. Les chiffres cités sont, en grande partie, inexacts. Nous avons fait ce travail, en vue de notre satisfaction personnelle ; mais, après l'avoir terminé, il nous a semblé qu'il pouvait y avoir une certaine utilité à le livrer à la publicité. En effet, M. Allain-Targé soutient que les Compagnies, certaines que les produits français ne peuvent leur échapper, les sacrifient aux produits étrangers en consentant à ceux-ci des prix de transport plus favorables. Le bon sens devant faire justice d'une semblable assertion, on pouvait admettre qu'elle serait repoussée par une sorte de question préalable... Nous avons été bien surpris, en lisant dans le *Journal officiel* le compte rendu de la séance de la Chambre des députés, de constater que, au contraire, de nombreuses interruptions sympathiques avaient encouragé l'orateur.

Nous allons faire en sorte de suppléer au silence de la Chambre, en réfutant les assertions de M. Allain-Targé, et nous espérons convaincre le lecteur, s'il veut bien nous suivre dans cette tâche toujours si ingrate de contradicteur. Mais nous ne nous illusionnons pas : convaincue d'erreur, cette nouvelle école d'économistes, si on peut lui donner ce nom, cherchera des échappatoires, fera d'autres citations ; il faudrait ne pas se lasser de la combattre en faisant appel à la bonne foi du public. Quand on aura constaté, certain nombre de fois, que les adversaires des Compagnies sont battus sur leur propre terrain, on finira peut-être par ne plus croire à toutes ces prétendues énormités. Le public aura acquis la conviction que les Compagnies font de leur mieux, qu'elles s'appliquent à corriger leurs fautes, quand on les leur signale, et que, dans leurs rapports avec le commerce, la justice et la vérité sont bien souvent de leur côté...

Si nous arrivons à ce résultat, nous n'aurons pas perdu notre temps.

RÉPONSE

AU DISCOURS PRONONCÉ A LA CHAMBRE DES DÉPUTÉS

Le 16 février 1880, par M. ALLAIN-TARGÉ

M. ALLAIN-TARGÉ.... — *Examinons maintenant comment les chemins de fer français viennent en aide à nos industries dans la concurrence qu'elles ont à soutenir avec nos voisins : j'entends de quelle façon la question des tarifs est liée à celle des transports.*

Voici ce que dit M. L. Legrand dans son rapport :

« La prime d'importation que les Compagnies de chemins de fer accordent aux houilles du dehors, par suite de leurs tarifs différentiels, cette prime, qui favorise les produits étrangers au détriment des produits nationaux, subsiste toujours. D'après les déposants, le chemin de fer du Midi transporte à 3 centimes les charbons anglais et seulement à 5 centimes les houilles de l'Aveyron et de Carmaux (1).

Exprimée d'une manière aussi générale, l'assertion est inexacte; elle tendrait à faire croire que la Compagnie du Midi taxe, pour tous les parcours, le transport de la houille anglaise à 3 centimes et celui des charbons français à 5 centimes.... Il n'en est rien.

Les charbons anglais arrivent sur le réseau de Midi par Bordeaux. Pour les premières distances, les taxes sont de : 8 c., 7 c., 5 c. et 4 c. jusqu'à Marmande.

---

(1) Nous avons reproduit textuellement, en italiques, les parties du discours ayant trait aux questions des tarifs de transport. (V. *Journal Officiel* du 17 février 1880.) Nos réponses font suite à chaque citation. — Les chiffres inexacts ont été imprimés en caractères beaucoup plus forts.

Tarif spécial P n° 16, page 865 (1) :

De Bordeaux	à Facture....	37 kil.,	prix 3 fr. 00	soit 8 c. 01
—	à Arcachon ..	56 —	— 4 fr. 00	— 7 c. 14
—	à Langon ...	42 —	— 2 fr. 00	— 4 c. 08
—	à Bazas . . .	62 —	— 2 fr. 50	— 4 c. 00
—	à la Réole. ·	61 —	— 2 fr. 50	— 4 c. 01
—	à Marmande .	79 —	— 3 fr. 50	— 4 c. 43

Ces prix comprennent les frais de gare.

La taxe ne tombe à 3 c. 4 que vers Castelnaudary, où le tarif est de 10 fr. 50 pour 312 kil.

Enfin, elle ne *tombe* à 3 centimes que dans les points tout à fait extrêmes : Pamiers, 321 kil., Saint-Girons, 355 kil., Carcassonne, 348 kil., Mazamet, 386 kil. Mais, parvenues à ces distances, les houilles anglaises ont déjà rencontré celles de Graissessac et de Carmaux, et ne peuvent y soutenir leur concurrrnce.

Du reste, ce tarif réduit pour les houilles anglaises au départ de Bordeaux à destination de Mazamet, Pamiers, Saint-Girons, ce tarif, qui soulève de si vives réclamations, a une histoire qu'il est intéressant de faire connaître.

C'est en 1865 que, à la suite de grèves dans nos houillères du centre, les usines de l'Ariège, de l'Aude et du Tarn demandèrent la création de ces prix réduits, pour s'approvisionner de houilles anglaises dans le cas où les houillères françaises ne pourraient pas les alimenter. En fait, le tarif ne fut présque pas appliqué.

En 1879, les houillères françaises se plaignirent de la concurrence qui pourrait en résulter pour elles, et en demandèrent la suppression ; la Compagnie du Midi se prêta à cette réclamation et proposa l'abrogation. Mais les chambres de commerce s'y opposèrent, et notamment la Chambre de commerce de Castres donna pour raison : « que si, pour une cause quelconque, les houillères » de Carmaux ne pouvaient alimenter l'industrie de la région, il » était utile que le Tarif P n° 16 assurât le transport des houilles » de Bordeaux à de bonnes conditions. »

L'affaire fut examinée avec la plus grande attention par le Comité consultatif des chemins de fer, et le Ministre refusa de supprimer le Tarif. Les considérants de la décision renferment un

---

(1) Nous donnons les numéros d'ordre de tous les tarifs que nous citons. Les pages auxquelles nous renvoyons sont celles du Livret-Chaix, édition de janvier 1880.

exposé complet de la situation et nous ne pouvons résister au désir d'en citer textuellement une partie :

« L'unique motif qu'on pourrait invoquer serait tiré du besoin
» de protéger nos houillères contre la concurrence des charbons
» anglais qui entrent en France par Bordeaux. Or l'examen com-
» paratif des divers éléments des prix de revient démontre que les
» charbons anglais n'ont sur les marchés qu'intéresse votre pro-
» position aucun avantage marqué sur les charbons provenant
» de nos principaux bassins houillers, tels que Carmaux et
» Graissessac.

» Les relevés de la statistique conduisent à la même conclusion ;
» car ils indiquent que sur 265,000 tonnes de charbons arrivés à
» Bordeaux, 235,000 sont absorbées par cette ville, d'où il résulte
» que 30,000 tonnes à peine pénètrent dans les quatorze départe-
» ments desservis par votre réseau. Comme, d'ailleurs, ces quatorze
» départements, y compris Bordeaux, consomment 873,000 tonnes
» de combustible minéral, il est facile de juger quel faible appoint
» fournissent les charbons anglais. L'intérêt de nos producteurs
» est donc à peu près hors de cause. Les consommateurs ont, au
» contraire, tout avantage à ce que la concurrence reste possible
» et prévienne des élévations de prix préjudiciables aux nombreuses
» industries qui ont besoin de charbons à bas prix. »

Que répondre à des arguments aussi décisifs ? Tous les indus-triels de la région connaissent les phases qu'à traversées cette question ; il est regrettable que M. Allain-Targé ne se soit pas renseigné auprès d'eux.

Il n'est donc pas exact d'avancer, d'une manière générale, que le chemin du Midi transporte à 3 centimes les houilles anglaises.

L'est-il davantage de dire qu'il transporte à 5 centimes les houilles de l'Aveyron et de Carmaux ?

1° *Houilles de l'Aveyron.* Les mines de houille de l'Aveyron sont situées sur le réseau d'Orléans ; ces houilles entrent dans celui du Midi par Toulouse et Montauban ; leur transport est réglé par le Tarif commun Orléans E n° 10, Midi S n° 1, page 1209 du Livret-Chaix. Le tarif est, en effet, de 0 fr. 05 pour les courtes distances, mais dès que le parcours augmente, la taxe tombe à 4 centimes.

Decazeville à Perpignan, distance 384 kil., prix 16 fr. 50 c., soit 4 c. 3.

Il descend aussi à 3 centimes, comme pour les charbons anglais, dans les exemples suivants :

Decazeville à Irun, distance 528 kil., prix 16 fr. 70 c., soit 3 c. 16.

Pour les charbons destinés à l'exportation, les prix sont encore inférieurs.

Decazeville à Cette, Tarif spécial Orléans E 127, Midi S 62 page 1233 du Livret-Chaix. Distance 393 kil., prix 12 fr., soit 3 c. 05.

Decazeville à Barcelone, Tarif spécial Midi S 79, Orléans E 149, Barcelone. Distance 596 kil., prix 16 fr., soit 2 c. 68, page 1247 du Livret-Chaix.

2° *Houillères de Carmaux*. L'observation est la même que pour les houillères de l'Aveyron. Le prix de 5 centimes ne s'applique qu'aux faibles distances. Le Tarif spécial P n° 16, page 865 du Livret-Chaix, nous donne :

Carmaux à Montauban, distance 225 kil., prix 6 fr. 50, soit 2 c. 90
— à Irun . . . . . Id.   523 — — 16 fr. 00 — 3 c. 04

Et pour l'exportation :

Carmaux à Barcelone, Tarif spécial Midi S 73, Barcelone, page 1247 du Livret-Chaix, distance 487 kil., prix 13 fr. 80 c., soit 2 c. 83.

3° *Houillères de Graissessac*. Bien que M. Allain-Targé ne parle pas des houillères de Graissessac, il nous paraît utile de citer ce groupe important, desservi par la Compagnie du Midi, afin de bien montrer que cette Compagnie ne favorise pas les houilles anglaises aux dépens de l'un quelconque des centres de production des charbons français situés sur son réseau.

Tarif spécial P n° 16, page 865 du Livret-Chaix :

Graissessac à Marmande, distance 405 kil., prix 12 fr. 50 soit 03 c. 04
—   à Bordeaux.. Id.   484 — — 13 fr. 50 — 2 c. 08
—   à Irun...... Id.   578 — — 16 fr. 00 — 2 c. 77
et pour l'exportation :

Tarif spécial Midi 73, Barcelone, page 1246 du Livret-Chaix, de Graissessac à Barcelone, distance 354 kil., prix 10 fr. 50 c. soit 2 c. 96.

M. Allain Targé. — *La Compagnie du Nord transporte à Paris, pour le même prix, 7 fr. 40, la tonne de houille anglaise qui vient de Dunkerque (304 kil.), la tonne de houille belge qui vient de Quiévrain (262 kil.), et la tonne de houille indigène qui vient de Lens (240 kil.).*

Vous voyez qu'on donne environ 90 kilomètres d'avance à la houille anglaise, puis 52 kilomètres à la houille belge.

Les prix de Dunkerque et de Lens à Paris sont exacts.

Celui de Quiévrain à Paris ne l'est pas. C'est 8 fr. 30 c. et non 7 fr. 40 c. Mais, comme nous discutons toujours loyalement, nous reconnaissons que le transport des houilles belges de Quévy à Paris (233 kil.) ne coûte que 7 fr. 40.

Ces anomalies ne sont qu'apparentes, et s'expliquent facilement. Le marché de Paris s'approvisionne de houille, soit en Angleterre, soit en Belgique, soit en France (bassin du Nord).

Les houilles anglaises pénètrent en France, soit par le Havre, Dieppe et Rouen, soit par les ports du Nord. Par le Havre et la Seine, le tarif de la batellerie est variable; mais il est d'environ 6 fr. du Havre à Paris et de 5 fr. de Rouen à Paris. Si donc les ports compris entre Dunkerque et l'embouchure de la Somme veulent prendre leur part de ce mouvement, il faut que le chemin de fer du Nord abaisse ses tarifs jusqu'à leurs dernières limites. La quantité de houille introduite en France n'est pas augmentée d'une tonne, mais la direction est changée. Les seuls intéressés qui pourraient se plaindre sont les négociants du Havre; mais leurs réclamations seraient dénuées de fondement, car le chemin de fer de l'Ouest ne demande que 7 francs du Havre à Paris (Livret-Chaix, page 929).

Quant aux houilles de Mons, qui entrent en France, non par Quiévrain, mais par Quévy, elles payent 7 fr. 40 c. sur les rails français et 1 fr. 60 c. sur les rails belges (page 29 du Livret-Chaix). Le transport total est donc de 9 francs de Mons à Paris. Or, la batellerie transporte la houille de Mons à Paris pour 6 fr. 50 c. en été et 7 fr. 50 c. en hiver. Les prix réduits de la Compagnie du Nord n'augmentent donc pas l'introduction de la houille, ils ne font qu'en changer la direction.

En résumé, *avant le chemin de fer,* Paris recevait les houilles anglaises pour 5 ou 6 francs par la Seine; les houilles de Mons, pour 7 francs, par les canaux; les houilles de Lens, pour 7 francs, par les canaux. En prélevant le même prix, 7 fr. 40 c., de la frontière maritime, de la frontière belge ou des usines françaises, le chemin de fer du Nord n'a nullement porté préjudice à ces dernières ; et, par suite, il est tout à fait inexact de dire que le chemin de fer donne 90 kilomètres d'avance aux houilles anglaises et 52 kilomètres aux houilles belges.

Il résulte du journal *la Houille*, qui est l'organe des houillères françaises (n° du 1ᵉʳ février 1880), que le charbon belge revient à Paris :

> Par eau. . . . . . . à 19 fr. 25
> Par chemin de fer. . à 20 fr. 80

tandis que le charbon français revient à Paris :

> Par eau. . . . . . . à 18 fr. »
> Par chemin de fer. . à 18 fr. 90

Ainsi, lorsque le transport a lieu par chemin de fer, l'écart au profit du charbon français est de 1 fr. 90, tandis qu'il n'est que de 1 fr. 25 lorsque le transport a lieu par canal. Les plaintes des houillères françaises seraient donc beaucoup mieux fondées, si elles s'adressaient à la batellerie ; mais celle-ci est une industrie libre, et on n'a aucune prise sur elle.

Mais il est un moyen plus simple encore de faire comprendre les avantages que les houillères françaises retirent du mode de tarification adopté. La théorie développée en un grand nombre de circonstances par l'école de M. Allain-Targé, est la proportionnalité des taxes suivant la distance. Appliquons rigoureusement ce principe pour les transports de houille à destination de Paris, et adoptons, par exemple, la taxe de 3 centimes. Les distances et les prix correspondants sont consignés ci-dessous :

Houilles anglaises.

Par Saint-Valery. Distance 193 kil. Prix qui en résulterait 5 fr. 79
Par Boulogne. .   —   252   —   —   — 7 fr. 56
Par Calais . . .   —   296   —   —   — 8 fr. 88
Par Dunkerque .   —   304   —   —   — 9 fr. 12

Houilles belges.

De Mons par Quévy. . . . . Distance 233 kil. Prix 6 fr. 99
De Charleroy ou du Centre par Anor.   —   210 —   — 6 fr. 30

Houilles françaises.

De Lens	Distance 210 kil.	Prix 6 fr. 30
D'Anzin et d'Aniche par Lomain.	— 228 —	— 6 fr. 84
De Vicoignes par Raismes . . .	— 243 —	— 7 fr. 29
De Condé par Valenciennes. . .	— 249 —	— 7 fr. 47

La Compagnie du Nord perçoit indifféremment 7 fr. 40 pour toutes ces directions.

Ce tableau est singulièrement instructif ; il montre combien est mal fondée la prétention des houillères françaises d'être plus rapprochées de Paris que les points frontières. Si la Compagnie du Nord opérait comme on semble le désirer, qu'arriverait-il ? C'est que les houilles anglaises pénétreraient toutes par Saint-Valery et arriveraient sur le marché de Paris avec une prime d'un franc sur les houilles d'Anzin ; celles de Charleroi auraient également un avantage de 0 fr. 54 sur celles d'Anzin. Et quand on vient nous dire que nous donnons 90 kilomètres d'avance à la houille anglaise, n'avons-nous pas le droit de répondre que nous donnons au contraire aux mines de Condé 56 kilomètres d'avance sur les houilles anglaises entrant par Saint-Valery ? Et ,pour comparer entre eux les divers charbonnages français, est-il donc équitable que les houilles de Condé, qui sont à 249 kilomètres de Paris, arrivent dans la capitale avec une surtaxe de 1 fr. 15 comparativement à celles de Lens, qui ne sont qu'à 210 kilomètres ?

Le système adopté par la Compagnie du Nord est infiniment plus rationnel. En fin de compte, les charbonnages français, belges et anglais sont à des distances tout à fait similaires : on leur fait payer à tous une taxe uniforme de 7 fr. 40, et il reste par conséquent à l'avantage de nos minières tous les frais de transport que les étrangers ont à supporter pour arriver à notre frontière.

Si les intérêts de nos houillères sont respectables, n'y a-t-il pas aussi à se préoccuper de ceux des consommateurs, et nous croyons que, si l'industrie de Paris était consultée, elle ne se plaindrait peut-être pas autant des facilités fort légitimes accordées aux houilles étrangères. Au fond de toutes ces récriminations, il n'y a que le désir d'accaparer le marché parisien : nous avons eu sous les yeux une brochure publiée en 1863 par le comité des houillères françaises ; nous ne pouvons résister au désir d'en citer une phrase caractéristique.

« Nous aurions applaudi avec une joie toute patriotique à des abaissements de tarifs dans le but de rejeter de notre littoral les houilles anglaises arrivant sans droit de navigation à Dunkerque, à Calais, à Boulogne, et y dominant ; *de nettoyer nos ports de la présence du charbon anglais.* »

J'aime mieux cette manière de parler ; elle a, au moins, le mérite de la franchise.

M. ALLAIN-TARGÉ. — *Maintenant voici mieux encore :*

De Lens, il s'agit de la bonne houille française, de Lens à Reims, où la France rencontre la concurrence allemande, pour 222 kilomètres, la houille française supporte un tarif de 8 fr. 30 ; pour 304 kilomètres, la houille anglaise paye un tarif de 7 fr. 40 (Exclamations sur divers bancs).

PLUSIEURS MEMBRES. — *Mais ce n'est pas possible !*

M. LOUIS LEGRAND. — *C'est absolument certain.*

M. DE CLERQ. — *Le droit de 1 fr. 20 est bien peu de chose à côté de cela !*

Il est inexact d'avancer que, de Lens à Reims, le tarif soit de 8 fr. 30 c. ; il est de 7 fr. 45 c. (Voir Tarif commun Nord C 228, Est 18, viâ Laon, page 1132 du Livret-Chaix).

M. Allain-Targé compare la taxe de Lens à Reims à celle de Dunkerque à Paris : ces deux transports ne sont pas comparables. Nous avons dit plus haut que le tarif de Dunkerque à Paris était commandé par la concurrence de la Seine ; ce qu'il faut établir, c'est que, sur le marché de Reims, les nationaux ne sont pas plus mal traités que les étrangers. La démonstration est facile :

Reims s'approvisionne de houille, soit à Lens, soit en Belgique (à Mons ou Charleroi), soit en Prusse (bassin de la Sarre), soit en Angleterre (par Saint-Valery, port le plus rapproché). Voici les prix :

1° Charbons français :

Lens à Reims, Tarif commun Nord C 228, Est n° 18, *viâ* Laon, page 1132 du Livret-Chaix :

Distance 222 kil., prix 7 fr. 45, soit 3 c. 35 par tonne et par kilomètre.

2º Charbons belges de Mons :

Mons à Quévy, parcours belge, page 29 du Livret-Chaix.   1 60
Quévy à Reims, Tarif commun Nord C 228, Est 18, page
1132 du Livret-Chaix 6 50

Total :   8 10

La distance est de 185 kil., le prix est donc de 4 c. 38 par tonne
et par kilomètre, — plus élevé, par conséquent, que celui des
charbons français.

3º Charbons belges de Charleroi :

Charleroi à Givet, parcours belge, page 148 du Livret-
Chaix (*vià* Viroux).   2 35
Givet à Reims, Tarif spécial nº 11, page 135 du Livret-
Chaix 4 70

Total :   7 05

La distance est de 207 kil. ; le prix est donc de 3 c. 19 par
tonne et par kilomètre, — plus élevé également que celui des
charbons français.

4º Charbons prussiens de la Sarre :

Forbach à Batilly, parcours prussien, page 170 du Livret-
Chaix 4 50
Batilly à Reims, Tarif spécial nº 11, page 135 du Livret-
Chaix 7 05

Total :   11 55

La distance est de 270 kil. ; le prix est donc de 4 c. 27 par tonne
et par kilomètre, — plus élevé aussi que celui des charbons
français.

5º Charbons anglais entrant par Saint-Valery :

Saint-Valery à Reims, Tarif commun Nord C 228, Est nº 18, *vià*
Laon, page 1132 du Livret-Chaix : 8 fr. 30 c.

La distance est de 225 kil. ; le prix est donc de 3 c. 69 par tonne
et par kilomètre, — plus élevé encore que celui des charbons
français.

9

Il est donc avéré que, sur le marché de Reims, les charbons français sont ceux qui jouissent du tarif kilométrique le plus réduit.

Il en est toujours ainsi lorsque la concurrence de la navigation ou du cabotage n'introduit pas de perturbation dans les tarifs.

M. ALLAIN-TARGÉ. — *Maintenant, voici le Midi, Messieurs.*

Je prends le tarif N° 16 de la Compagnie du Midi ; dans le même tarif, de Bordeaux à Pamiers, pour un parcours de 321 kilomètres, la houille anglaise paie 10 francs. Voilà le tarif d'importation.

Voici le tarif d'exportation :

D'Estréchoux à Toulouse, pour un parcours de 227 kilomètres, le tarif est de dix francs ; de Carmaux [1] à Villedaigne, pour un parcours de 200 kilomètres, le tarif est de 10 fr. 40 ; de Carmaux [2] à Port-Vendres pour un parcours de 304 kilomètres, le tarif est de 12 fr. 55, soit 2 fr. 35 c. de prime aux Anglais pour faire 17 kilomètres de moins. (Exclamations sur plusieurs bancs.)

Voilà ce que l'on donne aux Anglais ! Comparez ceci avec le droit de 1 fr. 20, sur lequel nos amis les libre-échangistes discutent pour le supprimer, laissant aux Anglais une prime de 2 fr. 35.

M. DRÉO. — *Nous sommes les premiers à protester contre cette situation.*

M. ALLAIN-TARGÉ. — *Il ne suffit pas de protester, il faudra trouver un remède ; je crois que nous le trouverons en cherchant bien, et quand on l'aura trouvé, il faudra l'appliquer.*

M. MAURICE ROUVIER. — *L'État serait bien à plaindre s'il n'avait d'autres moyens de corriger ces imperfections qu'en établissant lui-même le droit !* (Approbations sur divers bancs.)

M. ALLAIN-TARGÉ. — *Eh bien ! attendons pour supprimer les droits que vous ayez réformé les tarifs.*

DE DIVERS COTÉS. — *Très bien ! C'est cela !*

Le prix de 10 fr. de Bordeaux à Pamiers, distance 321 kilomètres, fait ressortir la tonne kilométrique à 3 c. 1. Nous avons expliqué plus haut (§ 1) que ce prix, ainsi que tous ceux au départ de Bordeaux-Saint-Jean, devait être supprimé, et que si on les a laissés subsister, malgré la demande de la Compagnie du

---

(1) Le *Journal officiel* fait dire à M. Allain-Targé : d'Estréchoux à Villedaigne, mais il résulte des chiffres qu'il s'agit de Carmaux.

(2) Même observation.

Midi, c'est que le Ministre a reconnu qu'ils n'étaient presque pas appliqués, et a estimé que leur maintien était nécessaire pour régulariser par la concurrence les prix de vente des houilles françaises. Néanmoins, nous ne récuserons pas le prix de 10 fr. dont il vient d'être parlé, car lorsque les distances de transports sont similaires, les tarifs de 3 c. 1 appliqués aux charbons anglais se retrouvent pour les charbons français de Carmaux, de Decazeville et de Graissessac sur le réseau du Midi. Nous en avons cité de nombreux exemples.

Il est, du reste, singulier de qualifier de tarifs d'exportation ceux de Graissessac à Toulouse, Carmaux à Villedaigne (près Narbonne), alors surtout qu'il est si facile de citer de véritables tarifs d'exportation comme nous l'avons fait.

Decazeville à Cette. . . Orléans E 127, midi S 62 (Export.) 3 c. 05
Decazeville à Barcelone Orléans E 149, midi S 79　　—　　2 c. 68
Carmaux　 à Barcelone Midi S 73　　　　　　　　—　　2 c. 83
Graissessac à Barcelone.　—　　　　　　　　　—　　2 c. 96

Auxquels nous ajouterons :

Bességes à Barcelone, Tarif spécial P.-L.-M. nº 436, Midi 74, Tarragone, page 1198 du Livret-Chaix, distance 505 kil., prix 14 fr., soit 2 c. 77.

Il importe, en outre, de remarquer que la région du Midi est traversée par le canal latéral à la Garonne et celui du Midi. Ces canaux sont la véritable voie d'importation des charbons anglais; ce serait vainement que le chemin de fer relèverait ses tarifs, au départ de Bordeaux; les houilles anglaises n'en pénétreraient pas moins dans tout le bassin de la Garonne à des prix aussi réduits que les prix actuels.

Il est facile d'en donner une preuve flagrante. En 1879, le chemin de fer du Midi a transporté au départ de Bordeaux à destination de Toulouse et des au delà, 3,400 tonnes de houille. Cette même année les canaux ont transporté, pour la même destination 14,000 tonnes de houille. Et l'explication en est bien simple : le prix de transport par bateau de Bordeaux à Toulouse, est de 7 à 8 fr., tandis que celui du chemin de fer, que M. Allain-Targé trouve trop bas, est de 10 fr. 50.

M. ALLAIN-TARGÉ. — *Le sort de la houille française dépend si bien des transports, que je veux, à l'appui de mes affirmations, vous citer les paroles de l'honorable M. Schneider, déposant devant la Commission d'enquête :*

« Les transports par canaux, seules voies économiques que puissent
» utiliser les matières pondéreuses pour être expédiées à grandes distances,
» loin de recevoir les améliorations considérables prévues au grand pro-
» gramme de 1864, sont restés dans un état d'abandon relatif tel qu'il en
» coûte, par exemple, aussi cher pour amener du charbon de Douai à Paris,
» que pour l'amener de Newcastle à Bordeaux.

» Voilà la question de la houille. »

En admettant comme réalisées toutes les améliorations possibles des moyens de transport, on ne pourra pas faire que la navigation par mer ne soit moins onéreuse que celle des fleuves et canaux, et qu'enfin les transports sur rails ne reviennent à un prix moins élevé que ceux effectués par voie de terre. L'égalité dans les prix de transport est donc une chimère absolument irréalisable.

Nous avons vu le fret de Bordeaux pour New-York tomber à 5 fr. la tonne. Les merrains se transportent couramment de Trieste à Bordeaux pour le prix de 13 fr. la tonne. Les transports entre Brest et Bordeaux valent 6 fr. la tonne pour 600 kilom par bateaux à vapeur; moins encore par voiliers. Il n'y a pas de canal qui puisse aborder de pareils prix.

Les faits signalés par M. Schneider sont donc parfaitement rationnels.

M. ALLAIN-TARGÉ. — *Ces droits vous semblent-ils suffisants ? demande le président ; et le déposant ajoute :*

« Non, ils ne nous semblent pas suffisants si, par l'approfondissement
» de la Seine et par l'amélioration de la navigation de la Marne, on
» donne un accès plus facile encore sur nos propres marchés aux charbons
» étrangers.

» Oui, au contraire, ils sont suffisants, si nous sommes assurés de
» conserver ces droits jusqu'à un développement des moyens de transport
» à l'intérieur, et si, dans les nouveaux cahiers des charges des lignes de
» chemins de fer, il est inscrit, au lieu des tarifs différentiels, des tarifs
» uniformes décroissant avec la distance et proportionnés au nombre de
» kilomètres parcourus. »

» Je ne veux pas dire que je m'oppose à ce qu'on fasse des canaux pour

ouvrir la France, pas plus que je ne veux dire que je m'oppose à ce qu'on construise des chemins de fer pour ouvrir la France ; je ne demande qu'une chose, c'est que les Français soient traités comme les étrangers. Et, après tout, je ne demande même pas le traitement de la clause de la nation la plus favorisée pour la nation française. »

Jamais la doctrine protectionniste n'a été proclamée d'une manière plus franche. Décidément, les consommateurs vous appartiennent; ils sont votre chose. Nous sommes heureux de voir enfin reconnaître, par ses partisans mêmes, que la taxe unique n'est qu'une forme de la protection. C'est en vain qu'on s'y opposerait, toute voie de communication nouvelle amène forcément un concurrent nouveau, concitoyen ou étranger. Le jour prochain où le tirant d'eau de la Seine entre Rouen et Paris sera porté à 3 mètres, les charbons anglais arriveront en baisse de 2 francs sur le marché de Paris, et il faudra bien que les mines du Nord et de Belgique abaissent, de pareille somme, leurs prix de vente dans la capitale.

M. ALLAIN-TARGÉ. — *J'ai parlé de houille ; voulez-vous que je vous parle du fer?*

« Pour le fer, je ne crois pas que cette industrie puisse se passer de protection ; je pense que c'est l'avis de tout le monde ici, et que personne dans cette assemblée ne demandera qu'on supprime la protection de la métallurgie. Mais il y a des protections qui peuvent être diminuées. M. le Ministre, je le crois, semble avoir indiqué dans son discours qu'il aurait une discussion avec la Commission sur le rail d'acier, sur une différence de 1 fr. 50. Eh bien ! voulez-vous que je la trouve cette différence de 1 fr. 50 sur le rail d'acier, dans les tarifs des chemins de fer?

Voici, Messieurs, les transports des fers.

M. Danelle-Bernardin vous a donné quelques chiffres dans son rapport : il vous a expliqué, par exemple, le prix qu'on fait payer aux fontes anglaises et aux fontes françaises.

Pour les fontes anglaises qui entrent par Nantes, de Nantes à Blois, sur un parcours de 249 kilomètres, le prix est de 10 francs.

Fontes françaises de Paris (ce sont les fontes de Longwy et de différentes usines qui viennent à Paris), vous avez :

De Paris à Châteauroux, 262 kilomètres, 19 fr. 50;

De Nantes à Orléans, fontes anglaises, la distance est de 308 kilomètres, prix 12 francs ;

De Paris à Poitiers, fontes françaises, 331 kilomètres, prix 20 fr. 95
11 francs de plus;
    De Nantes à Limoges, fontes anglaises, 454 kilomètres, prix 18 francs;
    De Paris à Nantes, fontes françaises, 425 kilomètres, prix 28 fr. 95;
    De Nantes à Bourges, où elles font concurrence a nos produits, fontes
anglaises, 337 kilomètres, prix 12 francs;
    De Paris à Châtellerault, fontes françaises, 298 kilomètres, prix 19 fr. 95.

Les chiffres cités, pour le transport des fontes anglaises, de Nantes à Blois, Orléans, Limoges et Bourges, sont exacts; mais les quatre prix indiqués pour les fontes françaises de Paris à Châteauroux, Poitiers, Châtellerault et Nantes, ne le sont pas, et à beaucoup près... et, cependant, les vrais taxes sont inscrites dans le même Tarif n° 12, page 674 et suivantes du Livret-Chaix, que celles citées au départ de Nantes.

De Paris à Châteauroux, la taxe n'est pas de 19 fr. 90; mais elle est de 15 fr. 50 en vertu de la clause des stations non dénommées, les fontes ne payant que 15 fr. 50 de Périgueux à Paris, et *vice-versâ.*

De Paris à Poitiers, la taxe n'est pas de 20 fr. 95 ; mais elle est de 15 francs, en vertu de la clause des stations non dénommées, les fontes ne payant que 15 francs de Montmorillon à Paris, et *vice-versâ.*

Pour le même motif, la taxe de Paris à Châtellerault n'est pas de 19 fr. 95 c., mais de 15 francs;

De Paris à Nantes, la taxe n'est pas de 28 fr. 95, mais de 16 fr. 50, par la combinaison des deux prix suivants du tarif spécial D n° 12 :

Paris-Ivry à Angers, Tarif spécial D n° 12, § 3 . . . . 12 fr. »
Angers à Nantes, même Tarif, § 10. 4   50

Total. . . . . 16 fr. 50

Nous ferons remarquer en outre un fait très important, c'est que Paris ne fournit pas de fontes brutes à la région de Châtellerault, Blois et Châteauroux; celles qui viennent de Paris, ou qui l'ont traversé, sont, en général, des fontes de seconde fusion, destinées à des usages spéciaux et qui pourraient à la rigueur supporter des tarifs élevés.

La bonne foi exige que les comparaisons soient faites autrement. Si Nantes est l'entrepôt des fontes anglaises qui se répandent dans le pays. il faut comparer les prix qu'on leur demande avec les prix qu'on exige des fontes françaises partant des lieux de production.. Or, pour le réseau d'Orléans, qui est mis en cause dans l'espèce, les centres de production sont : Commentry, Bourges, Decazeville et Fumel.

Voici les prix comparatifs demandés aux Anglais et aux nationaux pour les fontes.

Au départ de Nantes, les tarifs sont tous supérieurs à 4 centimes, sauf les suivants :

De Nantes à Blois . . . . 249 kil., prix 10 fr., soit 4 c. 00
  —   à Orléans . . . . . 308 — — 12 fr., — 3 c. 89
  —   à Vierzon . . . . . 309 — — 12 fr., — 3 c. 88
  —   à Limoges . . . . 454 — — 18 fr., — 3 c. 96
  —   à Bourges. . . . . 337 — — 12 fr., — 3 c. 56

Au départ de Commentry, les tarifs sont notablement plus bas, et nous citerons notamment :

De Commentry à Angers . . . . 357 kil., prix 12 fr., soit 3 c. 36
  —   au Mans . . . . 348 — — 12 fr., — 3 c, 44
  —   à Nantes . . . . 445 — — 12 fr., — 2 c. 69
  —   à Saint-Nazaire . 509 — — 14 fr., — 2 c. 75

Au départ de Decazeville, nous relevons les tarifs suivants :

De Decazeville à Angers . . . . . . 584 kil., prix 22 fr., soit 3 c. 76
  —   à Rochefort . . . 509 — — 18 fr., — 3 c. 53
  —   à Nantes . . . . . . 672 — — 22 fr., — 3 c. 27
  —   à Saint-Nazaire 736 — — 22 fr., — 2 c. 99
  —   à Bordeaux . . . 315 — — 11 fr., — 3 c. 49

Au départ de Fumel, les prix sont particulièrement bas. Ils sont inférieurs à 4 centimes dans toutes les directions, et nous ne relèverons que ceux égaux ou inférieurs à 3 centimes, notamment les suivants :

De Fumel à Paris . . . . 608 kil., prix 18 fr. 25 soit 3 c. 00
  —   à Bordeaux . . . . . . 187 — — 5 fr. 25 — 2 c. 81
  —   à Rochefort . . . . . 494 — — 14 fr. 25 — 2 c. 88
  —   à Châteaulin . . . . 942 — — 22 fr. 25 — 2 c. 36

et enfin de Fumel à Saint-Nazaire, pour une distance de 721 kilomètres, le tarif est de 14 fr. 25, soit moins de 2 centimes par tonne et par kilomètre.

Pour Bourges, il suffit de faire remarquer que, si les fontes anglaises ne payent que 12 francs pour venir de Nantes à Bourges faire concurrence à nos produits, par contre, les fontes françaises ne payent que 10 francs de Bourges à Nantes.

Ces exemples prouvent qu'il est tout à fait inexact de prétendre que la Compagnie d'Orléans traite les fontes anglaises plus favorablement que les fontes françaises.

M. ALLAIN-TARGÉ. — *Maintenant, parlons des rails. La voilà, la différence de 1 fr. 50 sur les rails.*

Je ne viens plus comparer la tonne de fonte avec la tonne de fonte; je vais comparer le prix de transport de la fonte française avec le prix de transport des rails et des produits supérieurs dont la fonte est la matière première, produits de l'Allemagne, de l'Angleterre et de la Belgique, dont le prix est infiniment plus élevé.

*Eh bien, Messieurs, le rail allemand qui vient par Audun-le-Roman va à Rochefort, soit un parcours de 860 kilomètres pour 28 fr. 85. La fonte française va de Longwy au même point, et il n'y a que 845 kilomètres, c'est-à-dire un peu moins, pour **41 fr. 10**, soit 12 fr. 25 de différence. On me dira: c'est un tarif de transit. Non, car il y a là deux industries qui sont également sur la frontière à une distance de 15 kilomètres l'une de l'autre; je dis que les tarifs qui sont faits pour l'industrie étrangère et pour l'industrie française sont des tarifs qui doivent être égaux ou proportionnels.*

Voici d'autres tarifs qui ne peuvent pas être accusés d'être des tarifs de transit :

*Les rails et boulons venant de la Compagnie du Nord, de Maubeuge à Bordeaux, 816 kilomètres, payent 29 francs ; de Longwy à Angoulême, 816 kilomètres, les fontes payent **40 fr. 10**, par conséquent la différence est de 11 fr. 18.*

*Ceci est un tarif qui n'est pas le tarif d'exportation, un tarif de transit. De Maubeuge à Agen, 889 kilomètres, le tarif est de 31 francs ; de Périgueux à Longwy, 870 kilomètres, pour les fontes françaises, le tarif est de **43 fr. 10** ; par conséquent la différence est de 12 fr. 10.*

M. ROUHER, — *Vous n'avez pas en même temps les trafics des points que vous indiquez?*

M. ALLAIN-TARGÉ. — *J'ai les prix par tonne.*

M. ROUHER. — *Vous citez des points pour lesquels le tarif est absolument indifférent, parce qu'il n'y a pas de commerce, pas d'échanges.*

M. ALLAIN-TARGÉ. — *Comment, il n'y pas d'échanges !*

M. DANELLE-BERNARDIN. — *Ce sont des tarifs antifrançais ; voilà ce que nous pouvons constater.*

M. GAILLY. — *Vous pouvez affirmer que le trafic est plus considérable de Longwy aux lieux de destination que vous avez indiqués, que des autres points de départ cités par vous à ces mêmes lieux de destination.*

M. ALLAIN-TARGÉ. — *Je remercie M. Gailly de me venir en aide. D'ailleurs, je ne comprends pas bien l'objection de M. Rouher, ou il me semble qu'elle voudrait dire que l'industrie française n'a pas de débouchés, et que, par conséquent, il n'y a pas besoin de tarifs pour elle.*

Les prix des fontes de Longwy à Rochefort, Angoulême et Périgueux, sont extraits du Tarif commun Est nᵒ 6, Orléans E 62, page 1143. Ce tarif donne les prix de transport des produits métallurgiques divisés en six séries partant de 44 stations de l'Est et aboutissant à 26 stations de l'Orléans. C'est une sorte de tarif général qui ne s'applique pas à de grands mouvements ; il est donc imposible de le prendre pour base de comparaison.

Mais ce qu'il importe avant tout de faire remarquer, c'est que les tarifs cités par M. Allain-Targé sont appliqués également aux produits étrangers et aux produits français. En effet, la frontière française est sillonnée d'usines importantes, dans les départements du Nord, du Pais-de-Calais, de l'Aisne et des Ardennes. En créant un tarif destiné à permettre la diffusion, en France, des produits de cette région, la Compagnie du Nord a pris comme point de départ la frontière même ; mais toutes les usines françaises bénéficient de ce tarif, en vertu de la clause des stations non dénommées. Il est donc tout à fait inexact de taxer de produits *étrangers* ceux qui jouissent de tarifs réduits, au départ d'Audun-le-Roman, Maubeuge, etc.

C'est ainsi que, dans ce moment même, les boulons et éclisses destinés à la construction du chemin de fer de Périgueux à Montmoreau, sont fabriqués à Valenciennes, par une usine française, et transportés aux conditions du tarif que M. Allain-Targé incrimine comme ne s'appliquant qu'aux produits étrangers.

Les usines de Longwy auraient donc mauvaise grâce à se plaindre des tarifs réduits consentis au départ de la frontière ;

aussi ont-elles dû être fort étonnées des citations faites à la Chambre des députés.

Pour chaque centre de fabrication, on trouve de suite des tarifs spéciaux très réduits, qui permettent l'expansion des produits métallurgiques dans toutes les directions. Citons le tarif commun Est n° 10, Nord 59, Ouest 33, page 1143, au départ de Longwy vers le Havre, Cherbourg, Le Mans, Rennes, Brest, pour les fontes brutes à 3 c. 32 en moyenne ; le Tarif commun Est n° 3, Nord 123, Orléans 140, page 1141, de Longwy à Angers, pour les fontes brutes à raison de 3 c. 31.

On trouve ces prix de transport ne dépassant pas de beaucoup 0 fr. 03 c. dans toutes les directions ; et, souvent même, les Compagnies se tiennent très au-dessous. Sur le chemin de fer de l'Est, par exemple, qui semble ici particulièrement incriminé, les fontes brutes sont transportées à 3 centimes, sans condition de tonnage ni de direction, dès que la distance dépasse 300 kil.

Quant aux rails à destination de Rochefort, nos usines de l'Est bénéficient du Tarif commun Est 7, Orléans E 64, d'Audun-le-Roman à 28 fr. 85 c. pour 860 kil. ; celles du Nord ont le tarif Nord 140, Orléans 50, qui taxe à 27 fr. pour 745 kil. ; celles du Creuzot ont le tarif P.-L.-M. 219, Orléans 69, qui taxe à 21 fr. pour 579 kil. ; celles de Fourchambault ont le même tarif qui taxe à 18 fr. pour 460 kil. et ainsi de suite.

Signalons que les taxes citées pour les transports de fontes de Longwy à Angoulême et Périgueux sont erronées dès que l'expédition dépasse cinq tonnes.

Nous donnons ci-dessous les prix exacts :

1° de Longwy à Angoulême :

Longwy à Paris, Tarif spécial n° 33, page 142 . . . Fr.   11 50
Ceinture 2 56
Paris à Angoulême, comme pour Paris à Bordeaux,
station dénommée, Tarif spécial n° 12, page 675 . . . . .   23 00

Total . . . . Fr.   37 06

au lieu de 40 fr. 10. Erreur 3 fr. 04.

2° de Longwy à Périgueux et *vice-versâ* :

Longwy à Paris . . . . Fr.   11 50
Ceinture 2 56
Paris à Périgueux, Tarif spécial n° 12, page 675. . . .   15 50

Total. . . . . Fr.   29 56

au lieu de 43 fr. 10. Erreur 13 fr. 54.

M. ALLAIN-TARGÉ. — *Je vous ai parlé du transport des produits du fer. Voici des tarifs qui sont bien plus importants pour l'industrie du fer et auxquels aucune objection ne pourra être faite ; il s'agit des matières premières de l'industrie métallurgique, c'est-à-dire de la houille et du minerai. De la houille, je vous ai déjà entretenus. Je vais vous parler du minerai. Eh bien ! je dis que l'existence de la métallurgie dépend absolument des transports de cette matière première, et vous le comprendrez facilement.*

Pour faire une tonne de produit de fonte et de fer, il faut huit ou dix tonnes de minerai et de houille ; et cela est tellement vrai, qu'un libre-échangiste, M. Tezenas du Moncel, qui a cependant toujours défendu la métallurgie, pour expliquer comment il se faisait que, quoique libre-échangiste, il persistait à demander un droit de 6 francs par 100 kilog. de fer, soit de 60 francs par tonne, disait en 1876, devant le Conseil supérieur, que ce droit n'était après tout que la restitution des frais de transport que dans le bassin de la Loire, grâce aux tarifs de la Compagnie de Paris-Lyon-Méditerranée, la tonne de fer avait à payer. Ces frais, transport de la matière première, s'élevant à 54 francs, disait-il, le droit de 60 francs ne pouvait être supprimé.

Voici, à ce sujet, la déposition de l'honorable M. Julien. Je vous demande la permission de vous la lire ? Elle n'est pas très longue et elle est topique :

« Dans la Loire et dans le Midi, nous ne pouvons pas faire usage de la navigation. Or, toutes les fois que la navigation peut faire concurrence aux chemins de fer, ceux-ci abaissent les tarifs de transport ; au contraire, quand les voies ferrées ne craignent aucune concurrence, elles maintiennent les tarifs élevés. C'est ce qui arrive pour nos usines. En voici un exemple : entre Saint-Etienne et Givors et entre Saint-Etienne et Lyon, les transports de houille se font encore à raison de 8 centimes par tonne et par kilomètre.

» *Nous ne demandons pas aux Compagnies de chemins de fer, qui nous donnent du travail, et avec lesquelles nous avons bien des intérêts solidaires, de nous faire des transports ruineux pour elles , mais quand elles exigent 8 centimes pour transporter de la houille et du minerai, nous protestons et nous ne nous lasserons pas de protester.* »

De Saint-Étienne à Lyon, il y a 59 kil.; de Saint-Etienne à Givors, il y en a 36. Le prix du tarif général est de 4 fr. 70 de Saint-Etienne à Lyon et de 2 fr. 80 de Saint-Etienne à Givors.

Pour d'aussi courtes distances, on n'a jamais songé à faire de tarifs spéciaux ; on ne voit pas, en effet, quelle influence pourrait avoir une réduction de prix, fût-elle considérable, sur des taxes aussi faibles.

M. ALLAIN-TARGÉ. — *En effet, il faut savoir quelle est la tyrannie des Compagnies de chemins de fer vis-à-vis des établissements métallurgiques qui sont leurs clients.*

« *Les minerais des Pyrénées, dont je vous ai parlé, pourraient alimen-*
« *ter une grande partie des usines du Midi et du Centre ; mais les tarifs*
« *rendent leur transport presque impossible pour nous. Le département des*
« *Pyrénées-Orientales a les gisements les plus importants. Celui de Fillol,*
notamment, est très considérable : c'est un minerai à 45 pour 100 de fer
et 3 pour 100 de manganèse. Nous l'achetons 10 à 12 francs la tonne ;
« *mais, pour le faire arriver à Bessèges, il coûte* **17** *fr.* **20** *de transport,*
« *parce que nous devons employer le concours de trois Compagnies de chemins*
« *de fer différentes.*

« *Nous devons emprunter trois lignes différentes pour faire transporter*
« *ces minerais. D'abord la ligne de Perpignan à Prades, dont le tarif est*
« *de 8 centimes ; cette ligne, qui a peu d'étendue, aurait sans doute intérêt*
« *à réduire son tarif à 5 centimes. Nous employons ensuite le réseau de la*
« *Compagnie du Midi pour le transport de Perpignan à Cette ; puis la*
« *ligne de la Méditerranée, de Cette à Bessèges.*

« *Ces trois Compagnies ne se sont pas entendues, et elles n'ont sans*
« *doute pas intérêt à s'entendre pour le transport réduit du minerai. Voilà*
« *pourquoi nous payons* **17** *fr.* **20**. *Dans ces conditions, non seulement*
« *nous ne pouvons pas songer à lutter avec l'étranger, mais nous n'osons*
« *espérer conserver certains débouchés que nous avions sur les côtes de la*
« *Méditerranée.* »

L'exemple du minerai de Fillol est malheureux, dans la bouche d'un député notoirement partisan de l'exploitation par l'État. Il ignore qu'il n'y a plus,. depuis longtemps, de Compagnie de Perpignan à Prades ; que cette ligne est sous séquestre et exploitée par l'État. En disant que les *trois* Compagnies n'ont pu s'entendre, il commet évidemment une erreur. Les *deux* Compagnies du Midi et de Lyon se sont, au contraire, parfaitement entendues ; le Tarif commun P.-L.-M. nᵒ **225**, Midi 8, page 1190, en est la preuve ; tandis que l'administration du séquestre n'a jamais voulu consentir à un accord. Or, le tarif commun précité indique à 9 fr. 50 le prix de transport des minerais de Perpignan à Bessèges, distance 292 kil., soit 3 c. 25 par tonne et par kilomètre. Le prix par tonne et par kilomètre est bien de 8 centimes sur le tronçon exploité par l'État ; mais dès qu'on entre à Perpignan sur le réseau du Midi, les prix tombent immédiatement et sont les suivants :

Tarif P.-L.-M. 155, Midi 8, page 1190.

De Perpignan à Bessèges....	292 kil.,	prix,	9 fr. 50	soit 3 c. 25
—	à Givors......	473 —	—	14 fr. 95	— 3 c. 16
—	à Terre-Noire.	505 —	—	15 fr. 90	— 3 c. 15
—	à St.-Etienne..	509 —	—	16 fr. 00	— 3 c. 14
—	à Firminy....	524 —	—	16 fr. 45	— 3 c. 14
—	à Monchannin	655 —	—	20 fr. 40	— 3 c. 12
—	à Annecy.....	601 —	—	18 fr. 75	— 3 c. 12

Tarif Orléans Nᵒ 10, Midi 1, page 1,209.

De Perpignan à Bruniquel...	295 kil..	prix 10 fr.	»	soit 3 c. 38
—	à Cransac.....	386 —	—	11 fr. 60	— 3 c. 00
—	à Fumel......	378 —	—	11 fr. 45	— 3 c. 03
—	à Pompadour.	495 —	—	14 fr. 85	— 3 c. 00
—	à La Coquille.	536 —	—	16 fr. 10	— 3 c. 00

d'où il résulte que le prix des minerais de Fillol pour Bessèges est de 13 fr. 20 et non 17 fr. 20. Erreur 4 francs.

Du reste tous les gisements de minerais importants donnent naissance à des tarifs réduits dans la direction des mines. Citons, notamment :

Tarif commun Nord nᵒ 137, Orléans 13, page 1123 :

De Castelfranc à Valenciennes 892 kil., 25 fr. 25, soit 2 c. 83.

Tarif commun Nord n° 206, Ouest 26, page 1128 :

De Messac à Marquise.., . 696 kil., 16 fr. 20 soit 2 c. 33
— Saint-Rémy à Marquise 431 — 11 fr. 25 — 2 c. 49

M. Allain-Targé. — *Voilà ce que dit M. Julien. Il est tellement vrai que l'industrie métallurgique dépend du transport des matières premières, que je vais vous citer deux faits qui sont de mon pays. A Saint-Nazaire, on est près de la houille anglaise et du minerai espagnol, qui peuvent arriver par la mer. A Segré, dans le département de Maine-et-Loire, nous avons un gisement de fer. Eh bien! une Compagnie se forme, qui va venir s'installer à Saint-Nazaire qui fera venir le minerai de Segré, pour le mélanger avec le minerai espagnol et le traiter par les houilles anglaises. Pourquoi?*

C'est parce que à la tête de cette Société se trouvent des personnages qui appartiennent aux grandes Compagnies et que cette Société est certaine d'obtenir des abaissements de tarifs, de pouvoir lutter avec les Anglais, qui ont cependant la prétention de pénétrer dans l'intérieur de la France bien plus avant que Saint-Nazaire.

Ce genre d'allégation, ne reposant sur aucun fait précis, ne se prête pas à une réfutation.

M. Allain-Targé. — *Mais à côté de Saint-Nazaire, il y a une autre usine métallurgique, qui traite différents métaux et qui voudrait traiter le minerai de plomb argentifère des Pyrénées, le minerai de Saint-Girons. Elle demande qu'on lui fasse des conditions telles qu'elle puisse avoir le transport au même prix que les Anglais qui viennent chercher ce même minerai dans les Pyrénées : qu'on lui donne des tarifs spéciaux pour lutter avec ceux dont ces derniers jouissent de Bayonne à Bordeaux ; mais elle ne peut pas l'obtenir, et en présence du refus qui lui est opposé, elle est obligé de renoncer à cette nouvelle industrie.* (Mouvements divers.)

Il doit y avoir quelque lacune dans l'exposé de cette affaire, car nous ne la comprenons pas. Il existe bien dans le Tarif spécial Midi P. 22, un prix réduit pour le transport des minerais de plomb de Saint-Girons à Bordeaux ; mais ce prix s'applique à tous les expéditeurs ou destinataires sans distinction d'aucune sorte. L'usine de Saint-Nazaire peut donc, aussi bien que les Anglais, avoir à Bordeaux, aux mêmes prix, les minerais de plomb des Pyrénées. Les Anglais les chargent sur navires ; pourquoi l'usine de Saint-Nazaire ne ferait-elle pas de même ?

M. Allain-Targé. — *Voilà pour l'industrie métallurgique.*

En ce qui concerne les autres industries, il y en a beaucoup, je sais le reconnaître, pour lesquelles les tarifs ne sont pas aussi importants que pour la houille et la métallurgie. Cependant, il est pénible, très pénible, de voir que les droits de douane sont plus ou moins atteints par des réductions de tarifs dont les Compagnies françaises font bénéficier l'étranger.

La Chambre de commerce d'Angoulême vient d'établir, par exemple, que le droit sur le papier était diminué de 30 pour 100 par les avantages de transport, par les primes concédées aux papiers anglais jusqu'à Paris par la Compagnie du Nord et par la Compagnie d'Orléans.

Je laisse la responsabilité de ces faits à qui de droit; je ne fais que citer, je n'ai pas constaté le fait par moi-même.

La réserve est sage, car l'examen des prix montre que cette assertion de la Chambre de commerce d'Angoulême est tout à fait inexacte.

La Compagnie d'Orléans fait payer aux papiers d'Angoulême à destination de Paris une taxe de 43 fr. 70 c. pour 444 kil., soit 9 c. 84 par tonne et par kilomètre. Tarif général.

Ce prix n'a rien d'exagéré, eu égard à la valeur de la marchandise. Sans doute il est plus élevé que celui des tarifs internationaux des Compagnies du Nord et de l'Ouest de Londres à Paris ; mais l'écart des prix est justifié par la différence des distances. D'Angoulême à Paris, la distance est de 444 kilomètres ; de Londres à Paris, par Newhaven et Dieppe, elle n'est que de 373 kilomètres, et, dans ce nombre la navigation maritime, c'est-à-dire le fret à bas prix, entre pour 64 milles marins, correspondant à 117 kilomètres.

Avant la création des chemins de fer, les papiers anglais pénétraient déjà à Paris par la mer et la Seine à des prix réduits. Les papiers des Charentes ne pouvaient y arriver que par le roulage, et les prix qu'ils payaient n'étaient pas moindres de 0 fr. 30 c. par kilomètre.

Le chemin de fer a donc modifié l'état de choses ancien tout à l'avantage des papeteries des Charentes, et les plaintes de cette industrie ne sont évidemment pas fondées.

M. Allain-Targé. — *La Chambre de Boulogne, de son côté, a fait distribuer un travail que vous connaissez.*

M. le Ministre me fait un signe pour me dire qu'il l'a lu.

Je sais qu'on a répondu. De quoi se plaint la Chambre de Commerce de Boulogne ? De ce qu'il y a une petite différence sur les plumes métalliques ? Qu'est-ce que ça peut faire ?

M. LE MINISTRE DE L'AGRICULTURE ET DU COMMERCE. — *Ce n'est pas moi qui ai dit cela. Je suis absolument de votre avis.*

M. ALLAIN-TARGÉ. — *Je vous en remercie. Voilà un concours dont je me félicite.*

La Chambre de commerce de Boulogne s'est préoccupée d'étudier la question des tarifs directs de Londres à Paris. Ces tarifs sont combinés entre les Compagnies anglaises de Londres, la Compagnie du Nord et des Compagnies de transport par des bateaux à vapeur, bateaux anglais le plus souvent, rarement français.

On donne aux Anglais, pour tous leurs produits fabriqués qui entrent en France, des facilités qui sont refusées aux industriels français : pour les fils et tissus de coton, de chanvre, de laine, les toiles cirées, les cuirs, les faïences, les machines, les toiles métalliques, la bière... pour tout.

Ceci demande explication.

Quand une marchandise se présente à la gare du chemin de fer à Boulogne, Calais, elle paye le même prix, qu'elle soit française ou anglaise. Mais la Compagnie du Nord s'est trouvée dans des conditions tout à fait spéciales pour les transports directs entre Londres et Paris et *vice-versa.* S'il est évident, en effet, qu'il n'y a qu'un moyen d'aller de Paris à Boulogne, il n'en est plus de même quand il s'agit d'aller de Paris à Londres, et nous pouvons énuméter les suivants :

Paris, Calais, Douvres, Londres.
Paris, Boulogne, Folkestone, Londres.
Paris, Dieppe, Newhaven, Londres.
Paris, Le Havre (par chemin de fer), Southampton, Londres.
Paris, Le Havre (par navigation fluviale), Southampton, Londres.
Paris, Le Havre, Londres, par services fluviaux et maritimes, et notamment par l'entreprise Seine-et-Tamise, qui fait le service, sans transbordement, de Londres au pont des Saint-Pères.

Il importe d'abord de remarquer que de tous ces moyens de transport, un grand nombre est entre les mains d'industries libres : les entreprises de navigation et les Compagnies anglaises de chemins de fer ; ce serait donc vainement qu'on voudrait faire inter-

venir l'esprit de protection et de réglementation, qui est le propre
de l'administration française ; ou est bien obligé de se conformer
à la grande loi économique de l'offre et de la demande, et le transport dans ces conditions a une *valeur* propre sur laquelle ne peuvent agir ni les règlements ministériels ni les homologations. La
Compagnie du Nord, comme la Compagnie de l'Ouest, a dû se plier
à ces conditions, et il en est résulté des tarifs internationaux ré-
glant les taxes de transport entre Londres et Paris. Ces taxes ont
donné lieu à des récriminations dont il importe de se rendre
compte. Nous prendrons comme exemple celui qui est cité par
M. Allain-Targé : les plumes métalliques.

De Boulogne à Paris, la taxe de transport des plumes métalliques
est de 41 fr. 80. Pour pouvoir lutter contre la concurrence des
autres voies, il a fallu abaisser à 54 francs le prix total de Londres
à Paris, et dans ce prix total la Compagnie du Nord ne prélève
que 27 francs. La fabrique de plumes de Boulogne fait alors le
raisonnement suivant : puisque la Compagnie du Nord transporte
les plumes anglaises de Boulogne à Paris pour 27 francs, comment
exige-t-elle des plumes françaises une taxe de 41 fr. 80 ? La réponse est bien simple : c'est que le transport de Londres à Paris a
une certaine *valeur* résultant des conditions géographiques, et que
la taxe est la représentation de cette valeur. Les trois compagnies,
chemins de fer anglais, bateaux de Folkestone à Boulogne et Chemin de fer du Nord ont à lutter contre la concurrence de la Seine ;
elles s'entendent toutes trois et toutes les trois réduisent leurs
prix à la dernière limite. Sur la direction Londres, Newhaven,
Dieppe, Paris, la situation est la même et le prix des plumes est
aussi de 54 francs. Mais il est inadmissible que les stations intermédiaires puissent bénéficier des avantages résultant d'une situation géographique qui n'est pas la leur. Tout ce qu'on peut demander, c'est qu'on ne paye pas plus cher de Boulogne à Paris
que de Londres à Paris ; ce principe est sauvegardé, puisque la
taxe est de 54 francs au départ de Londres et 41 fr. 80 au départ
de Boulogne, et nos plumes jouissent d'un avantage de 12 fr. 20,
auquel s'ajoute le droit de douane qui est de *mille francs*.

M. ALLAIN TARGÉ. — *Enfin, je vous demande la permission de vous citer
un fait qui semble petit, mais qui vous paraîtra caractéristique. Il s'agit*

11

du tarif pour le poisson : je trouve ici un fait qui, vraiment, montre le peu de souci que l'on a pour certains intérêts français.

-M. LE MINISTRE DE L'AGRICULTURE ET DU COMMERCE. — *Que l'on a eu !*

M. ALLAIN-TARGÉ. — *Nos pêcheurs de Boulogne, vous le savez, envoient leurs poissons frais à Paris. Or, voici à ce sujet les doléances de la Chambre de commerce de Boulogne ; je lui en laisse la responsabilité :*

« La Compagnie du Nord réclame à nos pêcheurs pour transporter en « grande vitesse une tonne de poissons frais (Tarif spécial n° 2) 93 fr. 50 c. « et pour les poissons qui arrivent par les bateaux anglais 76 fr. 25 c., « soit 17 fr. 25 c. de différence. »

C'est-à-dire 30 0/0 du droit de 5 fr. sur le poisson. (Exclamations et rumeurs diverses.)

Quand la marée est remise à Boulogne, à destination de Paris, elle paye le même prix, 93 fr. 50 c., qu'elle soit de provenance anglaise ou de provenance française. Aussi avons-nous eu quelque peine à comprendre la réclamation dont il s'agit. A force de recherches, nous avons fini par en trouver l'explication.

La Compagnie du Nord, par suite d'une entente avec les Compagnies de navigation et les chemins de fer anglais, a un tarif n° 2, grande vitesse, de 125 francs, s'appliquant aux denrées fraîches dans les deux sens de gare à gare entre Londres et Paris. La part de la Compagnie du Nord dans cette taxe est de 76 fr. 25 c. Ce tarif n'est pas spécial à la marée, et on comprendrait difficilement, en effet, qu'on expédiât du poisson frais de Londres à Paris. Cependant, dans les paniers expédiés de Londres en provenance de l'Écosse, se trouvent en certaines saisons des saumons frais ; il s'agit là d'un cas tout à fait exceptionnel, et on ne peut y voir une concurrence sérieuse à la pêche française. La meilleure preuve à en donner est que, en 1878, il y a eu 142 tonnes de saumons transportées dans ces conditions, tandis que la Compagnie du Nord a transporté à Paris 15,574 tonnes de poisson. Est-ce là une argumentation sérieuse ?

Quant au tarif n° 2 de 125 fr,, remarquons qu'il est réciproque et que sa grande application est au contraire relative à des envois de denrées à destination de l'Angleterre. Si on voulait y toucher, on soulèverait un *tolle* général dans toute l'industrie maraîchère de l'Ile-de-France, qui y trouve un de ses plus importants débouchés.

M. Allain-Targé. — *La Chambre de commerce de Boulogne ajoute :*

« *La Compagnie a la mauvaise habitude d'ajourner l'envoi de nos poissons* » *français, si les pêcheurs ne les apportent pas trois heures avant le départ* » *du train, tandis qu'elle reçoit jusqu'à la dernière minute les envois de ses* » *correspondants anglais.* » (Rumeurs prolongées).

M. Eugène Farcy. — *Il y a de bons patriotes dans nos administrations !*

Cette accusation ne supporte pas l'examen. Les règlements autorisent les Compagnies à ajourner les marchandises qui ne sont pas déposées trois heures avant le départ du train ; mais chacun sait que, *en pratique*, elles usent de la plus large tolérance et reçoivent les expéditions de poisson jusqu'au dernier moment. Il a suffi d'un expéditeur mécontent ou d'un agent de la Compagnie peu zélé pour faire naître cette accusation, qui est, de tous points, mal fondée.

M. Allain-Targé. — *J'arrive maintenant à l'agriculture. La question des tarifs n'est pas absolument nouvelle. Les tarifs qu'on appelle de détournement ont été souvent signalés à cette tribune, parce qu'il y avait des concurrents, des rivaux qui étaient là pour se défendre.*

Les tarifs de l'industrie que je vous ai apportés, je n'ai eu que la peine de les contrôler, de les recueillir.

Ce contrôle aurait gagné à être plus sévère, car nous avons relevé bien des inexactitudes. Les chiffres qui suivent seront-ils plus exacts ? On va en juger.

M. Allain-Targé. — *Je n'ai pas été obligé de les rechercher moi-même, parce que l'industrie a un large horizon devant elle ; elle est en relations avec le monde entier ; elle a l'œil ouvert partout et toujours : j'ai recueilli ses plaintes. L'agriculture n'a pas cette initiative, ce souci attentif ; elle attend sa récolte de la Providence, de la pluie ou du soleil ; elle s'abstient de se plaindre : ne serait-ce pas qu'elle ignore ses griefs ?*

Les vignerons cependant, les libres-échangistes du Midi, se sont bien aperçus qu'il y avait quelques faveurs faites aux vins espagnols par la Compagnie du Midi.

Je me souviens, en effet, d'une pétition rapportée ici par notre honorable collègue, M. Duchaffaut, sur les vins d'Espagne, qui allaient de Cerbère à Cette avec un tarif moitié moindre que les vins français.

M. Escarguel. — *C'est la vérité, et cela existe encore.*

M. Allain-Targé. — *Oui, vous le savez aussi, mon cher collègue.*

Le fait avancé dans la pétition rapportée par M. Duchaffaut est absolument inexact. Les vins français sont grevés de Cerbère à Cette des mêmes frais de transport que les vins d'Espagne, et n'ont pas à acquitter un prix double de celui qu'ont à supporter ces derniers.

Il est certain, cependant, que les vins espagnols arrivent à Cette et dans les autres ports du littoral français de la Méditerranée à des conditions de prix très réduits, lesquelles réagissent sur les transports à l'intérieur du territoire. Mais si on jette un coup d'œil sur la carte, on voit que la côte *est* de l'Espagne et la côte *sud* de la France sont longées parallèlement par les chemins de fer, depuis Carthagène jusqu'à Marseille. Or, personne n'ignore combien est actif le cabotage de cette côte, sillonnée par des ports d'une assez grande importance. Le chemin de fer ne peut participer au trafic qu'à la condition d'abaisser notablement ses prix. Pour le transport des vins, notamment, il a fallu entrer largement dans la voie des diminutions de tarifs ; lorsque les ravages du phylloxera ont rendu nécessaire l'introduction de quantités considérables de vins espagnols, les Compagnies espagnoles et françaises n'ont pu prendre leur part de ce mouvement qu'en établissant des prix peu supérieurs à ceux du cabotage. Or, les navires font payer de 12 à 14 fr. de Tarragone ou Barcelone à Cette. Les chemins de fer français et espagnols ont adopté le prix de 15 fr. 50 c. Il est encore trop élevé et il faudra le réduire, car le commerce refuse de l'accepter ainsi qu'il résulte des chiffres suivants :

De mars 1879 à mars 1880, le cabotage a importé en vins d'Espagne :

A Marseille.	15.000 tonnes
A Cette.	123.000 —
A Agde.	7.600 —
A La Nouvelle	12.000 —
A Port-Vendre	32.800 —
Total	190.400 tonnes,

dont un tiers seulement par pavillon français. Pendant la même période, le chemin du Midi n'a importé par Cerbère que 35,000 tonnes, et encore 20,000 étaient à destination de Perpignan et de Rivesaltes, c'est-à-dire ne pouvaient échapper à la Compagnie du Midi.

On voit donc combien il est injuste de faire au chemin du Midi le reproche de favoriser les vins espagnols, puisque les conditions géographiques sont telles que ces vins se refusent même à profiter des avantages qui leur sont consentis.

Étudions, du reste, si ces avantages sont aussi grands qu'on le dit.

L'introduction des vins espagnols par Cerbère se fait sous l'empire des tarifs suivants :

Midi n° 25 Tarragone-Barcelone-France, page 1237.

Midi n° 59 P.-L.-M, Tarragone-Barcelone-France, n° 363, page 1246.

Les vins espagnols à destination du littoral (Cette ou Marseille) sont transportés à très bas prix :

Tarragone à Cette.... 453 kil., prix 15 fr. 50, soit 3 c. 42
    —   à Marseille 635 —   — 20 fr, 00 — 3 c. 15

Mais dès qu'on est à l'abri du cabotage, les prix se relèvent.

Barcelone à Toulouse   423 kil., prix 27 fr., soit 6 c. 38
Tarragone à Paris... 1.250 —   — 58 fr. — 4 c. 64

Pour Bordeaux même, le cabotage, ayant à doubler le détroit de Gibraltar, devient moins redoutable, et on rentre dans des conditions normales.

Barcelone à Bordeaux, 679 kil., prix 36 fr. 50, soit 5 c. 37.

M. ALLAIN-TARGÉ.— *On sait aussi que, dans votre pays, de Tarragone à Lyon, par exemple, soit un parcours de 805 kilom., les vins espagnols payent 41 fr. 50. Voilà le tarif d'importation. De Carcassonne à Paris, soit un parcours de 723 kilomètres, vous payez 45 francs par un tarif spécial réduit, et pour rejoindre Carcassonne, il faudra payer au kilomètre pour des petites distances, y compris les frais de chargement et de déchargement, soit 8 centimes par kilomètre et par tonne.*

Voilà un tarif de faveur pour les vins espagnols.

Je prends encore pour exemple nos vins de l'Anjou, nos vins de Saumur, pour le tarif de l'exportation : ces vins vont à Saint-Valery, 499 kilomètres, près de 500 kilomètres au lieu de 805, comme les vins de Carcassonne, et payent 41 fr. 75.

On donne donc, 300 kilomètres d'avance aux vins espagnols. (Exclamations sur divers bancs.)

J'ai comme cela quantité de tarifs sur les vins et pour des distances qui ne sont pas petites. Par exemple, de Valladolid à Paris, 1,202 kilomètres, on paye aussi 64 francs, et d'Angoulême à Avricourt, 846 kilomètres, on paye aussi 64 francs. Voilà encore 250 kilomètres dont il me semble bien inutile de faire hommage aux vins espagnols.

La réponse à ces observations se trouve dans une dépêche de M. le ministre des travaux publics du 7 juillet 1879, au préfet des Pyrénées-Orientales, au sujet de la pétition ci-dessus rappelée. Voici le texte de cette dépêche :

« Le principal reproche que les pétitionnaires adressent aux » tarifs internationaux reposait sur ce motif, que les vins d'Espagne » pouvaient arriver dans les principales villes de France à des » prix moindres que ceux qui sont perçus pour les vins partant » d'un point du territoire français à destination de ces mêmes » villes. Or, c'est là une erreur de fait, puisque, à raison de la » clause des stations non-dénommées, les vins français peuvent » toujours être transportés aux mêmes prix que les vins espagnols, » lesquels restent grevés en plus des droits de la douane.

» Les relevés de la statistique, prouvent d'ailleurs, que ce n'est » pas à l'abaissement des prix de transport par les voies ferrées » que les vins d'Espagne doivent de pouvoir faire concurrence » sur notre marché aux vins du Roussillon ; car c'est par la voie » de mer que les vins espagnols entrent surtout en France, et la » Compagnie du Midi, n'est parvenue, jusqu'ici, à ramener sur ses » rails, qu'une faible partie de ce trafic. »

Le tarif cité de Tarragone à Lyon est d'ailleurs inexact ; il est de 34 fr. et non de 41 fr. 50 c. (Tarif commun midi nº 59, P.-L.-M. 363, Tarragone-Barcelone-France, page 1246.) Le tarif de Carcassonne à Paris est inexact comme prix et comme distance ; c'est 841 kilomètres et 47 fr. 10 c. (Tarif commun Midi nº 10, Orléans 36, page 1216.)

Ces rectifications faites, nous rappelons que ce sont les conditions géographiques qui favorisent les vins espagnols. Les abaissements qui leur sont consentis n'ont pas pour résultat d'augmenter l'importation, mais de diriger sur les rails une partie de ce que le cabotage apporterait en tout état de cause.

La question est de savoir si, à conditions égales, les vins français sont moins bien traités. Les exemples cités font osciller entre 4 c. 5 et 5 c. 5 les prix de transport des vins espagnols, alors qu'ils ne sont plus sur les directions desservies par le cabotage :

Tarragone à Paris. . 1,250 kil., prix 58 fr. 00 Midi S. 59 P.-L.-M. 363, soit 4 c. 64
Tarragone à Toulouse. 526 — — 28 fr. 00 Midi S. 25 — — 5 c. 32
Barcelone à Bordeaux. 679 — — 36 fr. 50 — — — 5 c. 37
Valladolid à Paris . . 1,202 — — 61 fr. 00 Midi S. 27 P.-O. 51 — 5 c. 32

Nous admettons volontiers ce chiffre moyen de 5 centimes.

Dans toutes les directions où s'établissent de grands courants, en France, on a des tarifs variant entre 4 c. 5 et 5 c. 5 et quelquefois au-dessous. Nous pourrions en citer un grand nombre. Nous nous contenterons de quelques exemples ; mais il nous paraît plus clair de les classer avec une certaine méthode.

La France a cinq grandes régions de production : le Bordelais, le bas Languedoc, l'Hérault, la Bourgogne et la basse Loire. Les grands points de consommation sont : Paris, la Normandie, la Bretagne, les départements du Nord. Voici quelques prix dans les directions principales :

1° Au départ du Bordelais :

	pages	kil.	fr.	soit	c.
Agen à Paris, Tarif spécial n° 24	682	650	37 00		5 69
Bordeaux à Brest, Tarif Orléans n° 17, Ouest 103 . .	1214	849	28 50		3 36
Bordeaux à Landerneau, Tarif n° 24	682	881	28 50		3 23
Bordeaux à Dunkerque, Tarif Orléans n° 9, Nord 135 . . .	1122	893	35 00		3 91
Bordeaux à Cherbourg, Tarif Orléans n° 17, Ouest 103 . .	1214	743	30 00		4 04
Bordeaux au Havre, Même tarif		786	30 00		3 82
Bordeaux à Batilly (front^re de Lorraine), Tarif Orléans n° 121, Est n° 2. .	1143	918	40 00		4 36

2° Au départ de l'Hérault, du bas Languedoc et du Roussillon :

	pages	kil.	fr.	soit	c.
Villedaigne (Narbonne) à Paris, Tarif Midi n° 12, P.-L.-M. n° 250.	1188	885	50 00		5 65
Carcassonne à Nantes,					

	pages	kil.	fr.	soit	c.
Tarif Orléans n° 36, Midi n° 10 .	1216	891	38 50		4 32
Béziers à Châteaulin,					
Tarif Midi n° 13, Orléans n° 39,					
P.-L.-M. n° 238	1187	1.251	34 00		4 32
Béziers au Mans,					
Même tarif.		870	48 50		5 57
Tarascon au Havre,					
Tarif P.-L.-M n° 171, Ouest, n° 77.	1170	1.004	50 00		4 98
Lezignan (Narbonne) à Calais,					
Tarif Midi n° 52, P.-L -M. n° 166,					
Nord n° 176.	1169	1.201	69 00		5 74

3° Au départ de la basse Loire :

	pages	kil.	fr.	soit	c.
Nantes à Paris,					
Tarif 24.	682	425	24 00		5 64
Nantes à Reims,					
Tarif Orléans n° 2 *bis*, Est n° 2,					
Nord n° 124.	1207	595	30 55		5 13
Au départ de la Bourgogne :					
Auxerre au Havre,					
Tarif P.-L.-M. n° 171, Ouest n° 77.	1170	415	20 00		4 81
Mâcon à Rouen,					
Même tarif.		589	34 00		5 77

Quant aux vins exportés par Saint-Valery, le prix cité de
11 fr. 75 c. de Saumur à Saint-Valery est exact : ce prix résulte
du tarif commun Orléans E n° 6, Nord G n° 131 ; mais c'est le prix
pour les vins de l'intérieur. Pour les vins destinés à l'exportation
par Saint-Valery, les prix sont de 40 francs, sans condition de
tonnage, et de 35 francs par wagon complet, comme de Saumur à
Boulogne, Dunkerque et Gravelines. (Tarif d'exportation Orléans E,
n° 9, Nord G n° 135.)

Les Compagnies d'Orléans et du Nord appliquent le tarif commun
E n° 9 à Saint-Valery, par extension des règles posées par les dé-
crets des 26 avril 1862 et 1ᵉʳ août 1864, qui décident pour les tarifs de transit que le prix doit être le même pour tous les ports
appartenant au même réseau, situés sur le même littoral, et qui
rangent dans le même groupe tous les ports de la frontière belge à
Saint-Valery exclusivement.

M. ALLAIN-TARGÉ. — *Je vais, Messieurs, vous parler des céréales. Ceci a une grande importance.*

L'agriculture se plaint de ne pas être protégée. Je crois que la première protection qu'on lui doit, c'est de la traiter au moins sur le même pied que les étrangers. Il y a aussi des tarifs de pénétration pour toutes les céréales, pour le blé et pour les bestiaux également.

Voici le tarif spécial de l'Est, n° 4 ; je le cite parce que du blé américain nous arrive d'Anvers par cette ligne, et puis aussi parce qu'il est du 25 octobre 1879. L'homologation date de trois mois.

Eh bien ! pour 14 francs, dans ce tarif, le blé français peut faire sur le réseau 190 kilomètres ; en ajoutant 1 franc pour frais de chargement et de déchargement, cela fait 15 francs, c'est un tarif réduit.

De Batilly, frontière, à Paris, 329 kilomètres, le tarif est de 14 fr. 25 c. C'est une distance de 140 kilomètres qui est supprimée pour le blé étranger.

*De Pagny, frontière, 371 kilomètres, le tarif est de **14 fr. 90 c.**; d'Avricourt, 409 kilomètres, il est de 16 fr. 45 c.*

Il y a là une différence que vous pouvez chiffrer, 1 franc par quintal.

Je crois que les agriculteurs seraient très satisfaits si vous leur donniez un droit de 1 franc.

UN MEMBRE. — *Par tonne.*

M. ALLAIN-TARGÉ. — *Non, pas par tonne, mais par quintal.*

De Pagny-sur-Moselle à Paris, le tarif est de 15 fr. 90 c., et non 14 fr. 90 c. (Tarif spécial n° 4 page 131.)

Il y a lieu d'espérer que M. Allain-Targé, n'a pas eu sous les yeux le tarif spécial n° 4 de l'Est, d'où sont extraits ces divers chiffres. Il ne l'aurait certainement pas cité comme étant avantageux à l'importation. Ce tarif est trop long pour que nous le reproduisions intégralement, mais il importe d'en faire comprendre l'esprit.

Il se compose de deux parties : la première est tout à fait générale ; elle donne une base de perception pour tout le réseau, et cette base est la suivante.

Pour les parcours jusqu'à 200 kil., 8 centimes, sans que la taxe puisse être supérieure à 14 francs.

Pour les parcours de plus de 200 kil. jusqu'à 300 kil., 0 fr. 07 c., sans que la taxe puisse être supérieure à 18 francs.

Pour les parcours de plus de 300 kil. jusqu'à 500 kil., 0 fr. 06 c., sans que la taxe puisse être supérieure à 20 francs.

Pour les parcours de plus de 500 kil., 0 fr. 04 c.,

Le second paragraphe indique une série de parcours spéciaux où les taxes sont réduites. On devrait croire d'après M. Allain-Targé, que ces réductions ne s'appliquent qu'à des étrangers ; il n'en est absolument rien. Pour le marché de Paris, il y a 96 provenances, parmi lesquelles il y a seulement trois gares frontières : Givet, Batilly et Avricourt. Pourquoi ne pas parler des 93 autres qui correspondent à la circulation intérieure des blés français et où les réductions sont similaires ?

Tous les marchés importants du réseau de l'Est bénéficient, par ce tarif, de réductions importantes. Il y a 43 marchés dénommés.

Le marché de Lagny est mis en relations avec 37 centres, dont deux à la frontière. Le marché de Meaux avec les mêmes 37 centres. Celui de la Ferté-sous-Jouarre avec 35 centres, et ainsi de suite.

Enfin, remarque capitale, tous ces tarifs sont *avec réciprocité*, c'est-à-dire que s'ils servent à l'importation des blés étrangers, ils sont également utilisés pour l'exportation des blés nationaux.

Le procédé employé par M. Allain-Targé consiste donc à prendre la taxe la plus défavorable du tarif général (175 kil., la limite d'application de la taxe de 0 fr. 08 c.), à la considérer comme s'appliquant à un parcours de blés français, puis à prendre, dans les parcours spéciaux, celui de la frontière à Paris, le plus long et, par suite, le plus réduit ; enfin à comparer ces deux tarifs en passant sous silence la condition de réciprocité.

Exposer ce système de discussion, c'est le juger.

M. Allain-Targé. — *Voici un autre tarif, celui des blés d'Odessa. Le blé d'Odessa arrive à Marseille, se répand dans toute la France. Je prends le tarif de Lille. Le blé fait 1,105 kilomètres pour 42 fr. 85.*

Eh bien ! sur les réseaux, si vous avez à faire de la circulation intérieure, suivez la même ligne, vous avez toujours le droit de 42 francs sur tout le parcours ; changez de compagnie, même en combinant les tarifs spéciaux, réduits et communs, je maintiens que le blé français ne fera pas 600 kilomètres pour ce prix-là, et que, par conséquent, c'est bien 2 francs par quintal métrique qui sera la prime de faveur accordée aux blés étrangers.

Un Membre. — *C'est un tarif de transit.*

M. Allain-Targé. — *Lille n'est pas un transit ; je ne sache pas que Lille ou Cambrai soient un transit.*

Un Membre. — *Lille est un marché et un très grand marché.*

M. Allain-Targé. — *On me dit très justement que Lille est un marché.*

M. le Ministre de l'Agriculture et du Commerce. — *Jamais le blé n'est allé de Marseille à Lille.*

M. Allain-Targé. — *Je vous demande pardon. M. Rouher nous a expliqué souvent que les blés durs traversaient le territoire, pour se mêler aux blés de qualités diverses dont nous faisons nos farines supérieures ; les blés d'Odessa traversent la France, il est même nécessaire qu'ils la traversent. Mais je vous demande pour les blés français le même parcours que pour les blés étrangers.*

M. Devès. — *Il les a pour le même parcours sur la même ligne.*

M. Allain-Targé. — *Mais je prouve le contraire.*

De toutes les assertions contenues dans le discours de M. Allain-Targé, celle-là est certainement la plus inexacte et la plus surprenante ; le sentiment général de la Chambre a protesté sous forme de quelques interruptions. On comprenait bien qu'il y avait là *quelque chose d'impossible ;* mais personne n'étant assez versé dans ces matières pour rétablir immédiatement la vérité, on s'est contenté de donner de mauvaises excuses fort difficiles à saisir.

La vérité est bien plus simple. Les blés vont de Marseille à Lille : 1,105 kilomètres pour 42 fr. 85 c. ; cela est exact ; soit un tarif de 3 c. 88 par tonne et par kilomètre. Mais ce même tarif kilométrique est appliqué à peu près dans toutes les directions en France ; seulement, il est difficile de trouver des parcours de 1,100 kilomètres sans faire intervenir la frontière. Ce n'est cependant pas impossible.

Nous trouverons même des tarifs inférieurs à 3 c. 88 dans beaucoup de directions et pour des distances très inférieures à 1,100 kilomètres. Par exemple :

Tarif spécial Orléans D 21, page 680.

Ancenis à Bordeaux. .	distance	509 k.,	prix 19 fr.	soit 3 c. 73
Montauban à Pontivy .	—	987 k.,	— 30 fr.	— 3 c. 04
Montauban à Quimper.	—	1.032 k.,	— 30 fr.	— 2 c. 91
Toulouse à Quimper .	—	1.060 k.,	— 30 fr.	— 2 c. 83
Agen à Châteaulin . .	—	984 k,,	— 25 fr.	— 2 c. 54

Tarif commun Orléans 113, Ouest 104, page 1,231.

Albi à Guingamp. . . . distance 1.030 k., prix 34 fr. 00 soit 3 c. 30
Périgueux à Guingamp. — 751 k., — 26 fr. 00 — 3 c. 46
Albi à Brest. . . . . . — 1.148 k., — 37 fr. 00 — 3 c. 22
Rodez à Brest. . . . . — 1.102 k., — 35 fr. 50 — 3 c. 22

Tarif commun Orléans 131, Est, 8, page 1234.

Châlons-sur-Marne à
  Meung-sur-Loire . distance 321 k., prix 12 fr. soit 3 c. 73
Orléans à Bar-le-Duc. — 395 k., — 13 95 — 3 c. 53
Orléans à Nancy . . — 484 k., — 17 90 — 3 c. 69

Mais il y a un fait bien plus saillant à noter. D'une manière générale, *quel que soit le parcours*, les Compagnies de l'Est, d'Orléans et de l'Ouest taxent les céréales à 0 fr. 04, quand les distances dépassent 500 kilomètres. Comment M. Allain-Targé peut-il dire que, dans aucune direction, les blés français ne peuvent parcourir plus de 600 kilomètres pour 42 francs, alors que sur ces trois réseaux, quelle que soit la direction, la taxe ne s'élève jamais à plus de 24 francs pour cette distance de 600 kilomètres ?

M. ALLAIN-TARGÉ. — *Du reste, par la frontière de Modane, par exemple, les tarifs de pénétration sont semblables.*

Au départ de Modane, les blés italiens pénètrent en France aux conditions suivantes :

Modane à Paris . . distance 692 kil., prix 32 fr. 20 soit 4 c. 65
  — à Marseille — 445 kil., — 26 fr. 60 — 5 c. 97
  — à Gannat . — 422 kil., — 23 fr. 00 — 5 c. 45
  — à Gray . . — 412 kil., — 21 fr. 40 — 5 c. 19

Ce sont là des tarifs très normaux.

M. ALLAIN-TARGÉ. — *Voulez-vous que je vous parle de la Compagnie du Midi ? Elle a une règle, que vous trouverez reproduite dans tous ses tarifs à prix réduits. Elle ne manque pas d'y ajouter : « sans réciprocité », Les tarifs ne vont pas sans cette restriction.*

Cette assertion manque complètement d'exactitude ; il y a, en effet, certains tarifs sans réciprocité à la Compagnie du Midi ; mais il y en a beaucoup aussi avec réciprocité.

Le tarif spécial n° 7, page 859, qui donne les conditions de transport des céréales dans le réseau du Midi, comporte beaucoup de parcours avec réciprocité.

M. Allain-Targé. — *Voici les blés américains qui viennent à Bordeaux. La Compagnie du Midi les envoie de Bordeaux à Castres, soit un parcours de 376 kilomètres, au prix de 17 francs. Quand nos récoltes sont bonnes, nous expédions de Castres à Bordeaux au prix de* **30** *fr.* **50** *c. Voulez-vous expédier de Foix à Béziers? Pour un parcours de 254 kilomètres, vous payez 17 francs, le même prix que les blés américains pour un parcours de 376 kilomètres.*

Il est tout à fait inexact que le transport des blés de Castres à Bordeaux coûte 30 fr. 50; il coûte 18 fr. 80, ainsi qu'il résulte du détail ci-dessous :

Manutention au départ.	0 fr. 75
Castres à Albi, 48 kilom. à 0 fr. 08. (Tarif spécial P n° 7, p. 857.	3 fr. 85
Soudure.	0 fr. 20
Albi à Bordeaux. (Tarif spécial Orléans D 21, p. 678.	14 fr. »
Total	18 fr. 80

L'erreur commise est donc de 11 fr. 70.

Cette rectification est du reste sans intérêt; il y a mieux à dire : nous ne croyons pas qu'il se soit jamais transporté de blé de Castres à Bordeaux, la région de Castres ne suffisant jamais à sa consommation.

On réduit les tarifs sur les directions où il y a un trafic sérieux; c'est ainsi que toute la riche vallée de la Garonne a des tarifs réduits sur Bordeaux. Et de même tous les pays de céréales ont des tarifs réduits pour la région houillère de Graissessac.

Il n'y a là rien que de très rationnel.

M. Allain-Targé. — *Je n'ai pas besoin de vous dire que, pour la Compagnie d'Orléans, les choses se passent exactement de la même façon. Elles sont seulement un peu plus compliquées. Voyez le tarif de Nantes! Les combinaisons sont mieux établies, parce que la Compagnie d'Orléans était naguère dirigée par un homme pour lequel je professe une très grande et très sincère admiration. Cet homme était l'homme de son administration, des intérêts dont il avait charge.*

Un Membre. — *Mais pas l'intérêt public.*

M. Allain-Targé. — *Il ne voyait qu'une chose : servir les intérêts de la Compagnie d'Orléans et détruire tout ce qui était concurrence, que ce fut le cabotage, la batellerie, les petites compagnies et même la Compagnie de l'Ouest, qui est une grande Compagnie et qui, sur certains points, était rivale.*

Je retrouve cette préoccupation dans tous les tarifs de la Compagnie ; tous sont combinés pour concurrencer quelque chose.

Il est bien certain que, lorsqu'il existe une voie concurrente, il est du droit et du devoir de la Compagnie d'abaisser ses tarifs, pour niveler autant que possible les conditions de transport. On ne voit pas bien en quoi les produits étrangers sont avantagés par cette pratique, puisqu'ils ont toujours à leur disposition la voie navigable pour pénétrer dans le pays.

M. Allain-Targé. — *Cependant, je dois dire que les tarifs de pénétration, les tarifs communs qui ont été demandés par d'autres Compagnies, étaient des tarifs de pénétration inacceptables, c'étaient des tarifs au profit de l'étranger.*

Je vais rapidement vous en citer deux ou trois exemples :

Pour aller de Poitiers à Tours, il y a 98 kilomètres ; cela coûte 9 fr. 34.

Pour aller de Nantes (blé d'Amérique), ou de Saint-Nazaire à Quimper, il y a 259 kilomètres, cela coûte 10 francs.

Pour aller de Nantes à Rennes, il y a 153 kilomètres, cela coûte 6 fr. 50.

Pour aller de Nantes à Béziers, il y a 967 kilomètres, cela coûte 35 francs.

Ce sont des tarifs de pénétration, je le répète, des tarifs inacceptables.

Le tarif de Poitiers à Tours est exact ; mais la faible distance entre ces deux points ne permet pas d'en tirer des conséquences sérieuses. Il ne semble pas y avoir d'échanges importants entre ces deux points.

De Nantes à Rennes les céréales circulent par navigation (canal de Nantes à Brest et Vilaine) ; le fret n'est que de 4 fr. 50 à 5 francs.

Il en est de même de Nantes à Quimper, par le cabotage.

Le tarif de Nantes à Béziers est un tarif normal, étant donnée la grande distance qui sépare ces deux points (975 kilomètres et non 967).

Le prix par kilomètre ressort à 3 c. 58. L'homologation remonte à 1866, époque à laquelle il n'était pas question de blés d'Amérique

Ces prix, que M. Allain-Targé qualifie de tarifs de pénétration, sont supérieurs à ceux des voies navigables entre les mêmes points. Les abaissements qu'ils constituent ne sont donc pas dus à l'initiative de la Compagnie d'Orléans. Ils existaient avant ses tarifs et ils existeraient encore si ces tarifs étaient supprimés. On ne peut pas imputer à la Compagnie une situation qui résulte de la force des choses, qu'elle n'a nullement aggravée et qu'elle n'a fait que subir.

Il faut remarquer, du reste, que tous ces tarifs sont réciproques et servent, par conséquent, à l'exportation, le jour où les récoltes donnent un excédent sur la consommation.

En résumé, pour les céréales, les exemples cités à la tribune prouvent que ces tarifs sont établis de la manière la plus rationnelle.

M. ALLAIN-TARGÉ. — *Pour les bestiaux, c'est absolument la même chose. Voici les moutons allemands qui arrivent à Pagny. C'est encore un tarif spécial de la Compagnie de l'Est ; il est du 26 juin 1879, il a six mois de date.*

Les wagons de Pagny (frontière) à la Vilette, font **373** *kil. et payent* **136** *francs. Les bestiaux français, qui font sur le réseau* **100** *kilomètres de moins, sont soumis au même tarif. C'est 50 francs de prime par wagon, au profit de l'étranger.*

De Pagny (frontière) à Paris, par la distance la plus courte, il n'y a que 350 kilomètres et le prix est de 136 fr. 50. Le tarif incriminé est extrêmement simple. Il s'applique à tous les bestiaux (moutons exceptés). Il consent, sur tout le réseau, le prix de 0 fr. 50 c. par wagon et par kilomètre, quel que soit le parcours. Voilà une première base générale. Mais, en outre, il fait des réductions spéciales de prix pour les bestiaux à destination de Paris et provenant des deux lignes de Paris à Nancy et Paris à Belfort. Les cinq frontières, Pagny, Batilly, Delle, Avricourt et Petit-Croix bénéficient de ces réductions, mais dans les mêmes conditions que toutes les stations de ces deux lignes. Peut-on qualifier ce fait d'avantage accordé à l'étranger ?

M. Allain Targé. — *Pour les wagons de moutons, l'exemple n'est pas moins frappant :*

De Balilly (frontière), pour un parcours de 329 kilomètres, un wagon paye 65 francs ; pour le même parcours, il coûterait **92** *fr.* **12** *à des Français sur le réseau.* **65** *francs c'est le prix de transport d'un wagon de moutons de Nogent-le-Rotrou à Paris, sur le réseau de l'Ouest, pour* **162** *kilomètres, avec tarif spécial à prix réduit.*

Les conditions sont absolument les mêmes pour les moutons. Le tarif spécial n° 3 donne un prix général de 0 fr. 28 par kilomètre pour les grands wagons à bestiaux pour tout le réseau, quel que soit le parcours. Mais, en outre, dans un second paragraphe, il consent des taxes plus réduites pour 47 gares ; il y a quatre frontières qui ne sont pas mieux traitées que les autres. Si les wagons de moutons étrangers vont de Batilly (frontière) à Paris, 392 kil. pour 65 fr., soit 0 fr. 20 par kilomètre, les wagons de moutons français vont de Gray à Paris, 352 kil., pour 73 fr., soit 0 fr. 207, et ainsi de suite.

Quant au trajet de Nogent-le-Rotrou à Paris, — bestiaux, — il est tarifé à 1 franc par tête de mouton. (Tarif commun Ouest n° 12 chemin de Ceinture 24, Livret-Chaix, page 1251), et comme on ne met généralement que 50 moutons par wagon, il faut compter 50 fr. pour un wagon de Nogent-le-Rotrou à Paris, et non 65 fr.

Kilométriquement, cette taxe paraît ressortir à une base plus élevée que celle des prix de la Compagnie de l'Est. Mais, il faut tenir compte de ce fait, que les wagons à bestiaux de la Compagnie de l'Est sont généralement beaucoup plus petits que ceux de la Compagnie de l'Ouest, et que le paragraphe visé du tarif n° 3 de la Compagnie de l'Est s'applique aux petits wagons comme aux grands.

M. Allain Targé. — *Ouvrez le gros volume Chaix, à chaque tarif spécial international vous trouverez des faits pareils ; ce ne sont pas des accidents, des anomalies, c'est un système, une règle.*

Je m'explique très bien que les grandes Compagnies se soient plus préoccupées de leurs intérêts particuliers que de l'intérêt national. Mais il est bon de le savoir. Cette situation a déjà été signalée à la Chambre à d'autres points de vue, au point de vue de la concurrence, de la méconnaissance des droits de l'État. Je viens vous la signaler aujourd'hui, au point de vue de notre commerce international ; je dis qu'il faut que la France ait sur ses lignes de chemins de fer exactement le même traitement que celui qu'elle accorde aux étrangers. (Marques d'assentiment.)

J'ose croire que tous ici, quelle que soit l'école à laquelle vous apparteniez, que vous soyez libre-échangistes ou protectionnistes, oui, tous, vous m'accorderez que sur ce point une réforme est nécessaire. (Vives marques d'approbation et applaudissements.) *Je dis que cette réforme la majorité la veut et elle la fera!* (Nouveaux applaudissements.)

CONCLUSION

Que reste-t-il des accusations formulées par M. Allain-Targé contre les Compagnies de chemins de fer? — Absolument rien.

En effet, d'une part, nous avons montré que, dans tout le cours de son argumentation, M. Allain-Targé a commis de nombreuses erreurs matérielles, qui ne pouvaient le conduire qu'à des déductions fausses (1);

D'autre part, pour ce qui regarde les vrais chiffres cités par M. Allain-Targé, nous avons fait voir l'inexactitude des commentaires et des appréciations dont il a cru pouvoir les accompagner.

Enfin, nous terminerons en rappelant ce qui s'est passé à la suite des communications échangées, à la fin de l'année dernière, entre M. le ministre des travaux publics et les Compagnies, précisément au sujet de cette fameuse question des tarifs d'importation.

Le 19 novembre 1879, M. le Ministre des travaux publics informait les compagnies qu'à tort ou à raison, des réclamations s'étaient produites au sein des Chambres et dans le public, contre l'application de certains tarifs favorisant la marchandise étrangère au détriment des produits nationaux, etc., etc... et il leur demandait des explications à ce sujet...

Vers le milieu du mois de décembre, les Compagnies répondaient à M. le Ministre qu'elles n'avaient jamais eu la pensée de favoriser la marchandise étrangère par des combinaisons de tarifs pouvant annuler ou amoindrir l'effet des lois de Douane.

---

(1) Sur 46 taxes citées par M. Allain-Targé, 22 sont erronées.

Nous ne croyons pas, disaient-elles qu'aucun de nos tarifs puisse exercer cette action. — Elles ajoutaient : *S'il était reconnu qu'un tarif proposé ou déjà en application fût de nature, par l'infériorité de ses prix sur ceux des autres voies de transport, à porter un trouble quelconque dans le régime douanier du Pays, le gouvernement trouverait les Compagnies prêtes à le modifier d'accord avec lui de manière que cet effet ne pût pas se produire.*

. . . .

Plus d'un an s'est écoulé depuis cette déclaration très péremptoire, et aucun des tarifs incriminés n'a été, de la part du Ministre, l'objet d'une critique...

Après un silence aussi prolongé, et qui prouve que l'administration elle-même a reconnu le peu de fondement des griefs portés à la tribune par M. Allain-Targé, nous sommes plus que jamais en droit de conclure qu'il n'est plus possible aujourd'hui, sans faire violence à la vérité, de soutenir que les Compagnies de chemins de fer ont des tarifs qui auraient ou pour but ou pour effet de favoriser les produits étrangers au détriment de l'industrie nationale.